RUHE GAOXIAO
XUE LISHI

如何高效学历史

——历史可以这么学 历史可以这么教

张荣锁 著

北京师范大学出版集团
BEIJING NORMAL UNIVERSITY PUBLISHING GROUP
北京师范大学出版社

图书在版编目（CIP）数据

如何高效学历史／张荣锁著.—北京：北京师范大学
出版社，2012.3（2013.1重印）
ISBN 978-7-303-14101-2

Ⅰ．①如…　Ⅱ．①张…　Ⅲ．①中学历史课－学习方
法－高中　Ⅳ．① G634.513

中国版本图书馆 CIP 数据核字（2012）第 018550 号

营 销 中 心 电 话　010-58802755 58800035
北师大出版社职业教育分社网　http://zjfs.bnup.com.cn
电 子 信 箱　bsdzyjy@126.com

出版发行：北京师范大学出版社 www.bnup.com.cn
　　　　　北京新街口外大街 19 号
　　　　　邮政编码：100875
印　　刷：北京中印联印务有限公司
经　　销：全国新华书店
开　　本：170 mm × 230 mm
印　　张：10
字　　数：165 千字
版　　次：2012 年 3 月第 1 版
印　　次：2013 年 1 月第 2 次印刷
定　　价：17.00 元

策划编辑：周光明　　责任编辑：周光明
美术编辑：高　霞　　装帧设计：高　霞
责任校对：李　菡　　责任印制：孙文凯

前　言

距离高考只有几个月的时间了，仍有不少学生来问我关于历史学习的方法，对历史学习表示困惑。其实在高中三年里，在课堂教学中学习方法早已经渗透了不少，为什么还有那么多学生感到困惑呢？

学生苦背了几年历史，试题也做了许多，各种教辅参考书也买了不少，在学习上花费了不少时间，但历史成绩提高缓慢，甚至有不少学生长期稳定在一个很低的水平。为什么会是这样一种情况呢？

我思考了很久，发现有两个关键问题。

一是高考的命题思路早已经发生变化，而学生还不知道，或认识不到位，不能尽快转变观念以适应新的高考。例如，现在高考已经淡化了识记能力的考查，着重考查学生的归纳概括能力、逻辑思维能力、独立判断能力、运用理解了的历史知识解决新问题的能力，以及历史评价能力（史识）等。而不少学生仍抱着"贝多芬"的老皇历不放，以为把课本背好就可以了，结果一遇到有思维含量的题目就几乎"空白"。在 20 年前把课本背熟是可以拿到接近满分的成绩，但是如今的高考试题十分灵活，就是让你翻书你也未必可以考及格。

二是学生所掌握的学习方法陈旧且不系统。学习方法得当往往会事半功倍，就好像体育竞赛的背后比的是科学训练方法。目前，传统的教师满堂灌，学生满堂听、满堂记，课后狂做题的"高投入、低产出；高消耗、低效率"的教和学的方法仍很有市场，好像不这样做就会心里恐慌。而实际上，就记住率来说，据一份权威的科学调查，学生讨论要比教师讲授高 10 倍。现在从新高考命题的灵活性和设问层次角度看，可以肯定地说，那些平时不喜欢思考、讨论，不关心时事的同学想在高考中获得突出成绩绝对是天方夜谭。

所以，我就想，应该在我多年教学经验积累的基础上写一本系统、详细、具体、有针对性地介绍迎接新高考的学习方法的书，其中也包含了部分最新的历史研究成果和我个人对一些历史问题的看法。我相信，这些都会对学生很好地迎接新高考、高效地学习历史有很大的帮助，对历史老师的教学工作应该也有一定的启发。

虽然我带过历史高考全市第一名等的好成绩，不过那种喜悦早已过去，我大多数时间一直在提倡素质教育，所以，我尽可能在本书中渗透一些提高学生多方面素质的内容。

过去我们学习的误区包括：

1. 过分重视传统知识结构的梳理和大容量；

2. 过分重视多练；

3. 过分重视多轮复习；

4. 过分重视听讲和背诵，很少参与思考、讨论。

而当今新高考重点考查的是：理解力、感悟力、逻辑推理能力、突破阅读史料障碍的能力、归纳概括能力、捕捉和调集信息能力、汲取历史智慧能力、历史评价能力等。同学们对比一下就会发现，上述四个学习误区是不是与现今高考考查重点有些"擦肩而过"。这就是为什么我们花费了大量的时间精力，而学习成效却不好的秘密。

我们对基础知识要重新认识，历史感悟力和理解力的培养比死背基础知识重要。

过分强调死背知识，往往导致对知识理解的淡化，对知识运用能力的忽视。而没有被理解的知识、不能用来解决问题的知识是无效的假知识，这种知识掌握得越多反而越是累赘。

下面我举一个例子，大家就可以从中看清楚理解比死背更重要，不理解的话简直寸步难行。

关于列宁时期实行的新经济政策，这几年一直是高考的一个重点内容。如果我们理解了新经济政策就是在政权、制度总体不变的前提下，因生产力水平太低，部分恢复资本主义生产，等将来生产大发展后再过渡到共产主义的措施这一基本实质后，那么不管出什么题目，你都可以从容应对。否则的话，题目一变就应对困难了。以下所列五道选择题，都是有关新经济政策的。

1. （山东东营）"新经济政策一执行，混乱和饥荒马上就开始平息下去了。城市恢复了生气，市场上的商店里又开始有产品供应了，物价也随之下降。那时党的口号是'学会做生意！'"这里的"学会做生意！"主要指（　　）。

A. 借助商品市场的自由调节　　　　B. 宏观调控和计划相结合

C. 恢复和发展私人企业　　　　　　D. 实行粮食税制度

2. "我们计划……用无产阶级国家直接下命令的办法在一个小农国家里按共产主义原则来调整国家的产品生产和分配。现实生活说明我们错了。"列宁为纠"错"采取的措施是（　　）。

A. 工业化政策　　　　　　　　　　B. 农业集体化政策

C. 新经济政策　　　　　　　　　　D. 战时共产主义政策

3.（山东潍坊）"既然我们还不能实现从小生产到社会主义的直接过渡，所以作为小生产和交换的自发产物的资本主义，在一定程度上是不可避免的，所以我们应该利用资本主义（特别是要把它纳入国家资本主义的轨道）作为小生产和社会主义之间的中间环节，作为提高生产力的手段、途径、方法和方式。"为此，苏联实施了（　　）。

A. 战时共产主义政策　　　　　B. 新经济政策
C. 国民经济五年发展计划　　　D. 玉米种植计划

4. 列宁曾说，新经济政策是一种用"改良主义的办法"来解决苏维埃国家过渡时期经济发展战略任务的长期性政策。这里的"改良主义的办法"是指（　　）。

A. 利用市场关系和允许私人经济存在　B. 建立巩固的工农联盟
C. 调整战时共产主义政策　　　　　　D. 壮大社会主义经济成分

5. 列宁在谈到新经济政策时，曾说过"后退一步是为了前进两步"。这表明列宁认为（　　）。

A. 新经济政策是一种倒退
B. 战时共产主义政策是适合当时生产力水平的
C. 俄国要最终建立社会主义必须部分恢复资本主义
D. 新经济政策是社会主义经济的根本政策

从上面五道选择题大家可以看出，考的全部是新经济政策，题干全部是列宁说的话。而列宁的表述每次都有一些不同。所以最重要的还是要把学习的知识加以理解，在此基础上学会运用。正如有一次我在黑板上给学生写下四个大字——理解万岁！

2010 年广东文综的历史试题，选择题 12 个题目几乎全部要依靠理解和推理。这一事实告诉我们一定要抓住学习历史的根本和关键。告诉我们必须努力提高各种必备的能力，注重思想水平的提升。

本书是新考试背景下第一部系统论述学习历史本源、方法和技巧的著作，见解独到、观点新颖、深入浅出。它将帮你拨开学习历史的困惑迷雾，使你学习历史的效率倍增。

编者
2011 年 12 月 25 日

目　录

一、
我们为什么要学习历史

当下重视历史学习的人不是很多。在许多人心目中历史可有可无。除了高考的需要，很少有人因为历史学不好而着急、惭愧。

也有很多学生问老师，学习历史究竟有什么用。其实这个问题也困惑着老师。想想看，学好历史不能马上换钱，也不能做官，历史系毕业生找工作也很困难。从现在短视实用主义看，学习历史确实没有什么大用。

但是世界上几乎所有国家都开设了历史课。这说明历史还是有用的，甚至能有大用。

人类走过的几千年文明史，积淀了无穷的智慧，学习领悟一小点，都可能使得一个人或一个国家受益无穷。同时，人类也犯过许多愚蠢的错误，甚至有过很多惨痛的教训，假如我们今人能够好好吸取教训，将使我们少走很多弯路，少跌很多跟头。这些教训也是我们宝贵的财富。今天许多悲剧一再发生，很大程度上是我们没有吸取以往的教训，太快地淡忘了历史。

比如要与自然和谐相处，不要破坏自然、违背客观规律。这是人尽皆知的道理。但是，人类还是不断地在环境问题上重复犯错。河流污染严重，森林被毁严重，气温不断上升，两极的冰川在融化，人类的生存危机在加剧。

众所周知要以人为本，但就是还有很多血汗工厂存在。

伟大的哲学家老子告诉我们要清静无为，不要胡折腾，但就是有很多烂尾的劳民伤财的各种形象工程不断出现。

假如人们真的能够吸取一些教训，那如今很多不良状况就会得到改善。

学习历史可以开阔我们的眼界。眼界不开阔智慧很难增长。井底之蛙永远不能想象和理解大海的浩瀚。只有学习历史，你才知道还有比秦始皇更残暴的，有比诸葛亮更智慧的，有比貂蝉更美丽的。

去动物园，你一定会惊叹，世界上竟然还有这种动物。学习历史，你也一定会惊叹，历史上还有这种人，还有这种奇思妙想，这种美妙的体制，这种绝活艺术，这种超脱的活法。

现代生活可以说既丰富又单调。每天像机器那样按时劳作。其实还有很多生活方式供你选择。提升你的生活质量。最起码使你知道应该有很多活法供选择。古希腊人既刻苦追求真理，又懂得享受戏剧人生。非洲人也许没有发达的科技，但他们的歌舞人生，他们原始快乐天性的留存，给我们深刻启迪。美国哈佛大学毕业生保罗毕业后竟然去到一湖边，独自耕作、写作、看风景，引起巨大轰动。其实，类似这样的选择，古人早已有之。每个地域，每个时期的人们都有很多独特的生活方式。我们完全可以根据自己的秉性借鉴。不必死钻牛角尖，一味随大流。

学习历史可以提升人生境界。在《新原人》一书中，冯友兰先生将人生从低到高划分为四大境界——自然境界、功利境界、道德境界、天地境界。我想在道德境界之后，还应增加一个情感境界。

通过学习一些高境界的历史人物，如：情感境界的李清照、卓文君等人，天地境界的老子、庄子、六祖惠能、泰勒斯等人，就会使得我们自己的人生境界得以提升，使我们的人生更具价值。

让我们从历史宝藏中汲取无尽的智慧和力量，开创我们自由幸福的人生。

二、
历史一般

1. 关于纪年

我国古代纪年法主要有四种：

（1）王公即位年次纪年法。以王公在位年数来纪年。如《廉颇蔺相如列传》："赵惠文王十六年，廉颇为赵将。"

（2）年号纪年法。汉武帝起开始有年号。此后每个皇帝即位都要改元，并以年号纪年。如《岳阳楼记》"庆历四年春"、《琵琶行》"元和十年"、《石钟山记》"元丰七年"、《梅花岭记》"顺治二年"、《〈指南录〉后序》"德佑二年"等。

（3）干支纪年法。如《五人墓碑记》："予犹记周公之被逮，在丁卯三月之望。""丁卯"指公元 1627 年；《〈黄花岗七十二烈士事略〉序》："死事之惨，以辛亥三月二十九日围攻两广督署之役为最。"近世还常用干支纪年来表示重大历史事件如"甲午战争"、"戊戌变法"、"庚子赔款"、"辛丑条约"、"辛亥革命"等。

（4）年号干支兼用法。纪年时皇帝年号置前，干支列后。如《扬州慢》"淳熙丙申"，"淳熙"为南宋孝宗赵眘(shèn)年号，"丙申"是干支纪年；《核舟记》"天启壬戌秋日"，"天启"是明熹宗朱由校年号，"壬戌"是干支纪年。

目前世界通用的纪年法是公元纪年法。

公元纪年，也称公历纪年，或称基督纪年。它以相传的耶稣基督诞生午即公元元年作为历史算起，在中国这一年正好是西汉平帝元始元年。以这一年为界，在此以前的时间称公元前多少年，在此以后的时间称公元多少年，或直接称××年(注意，不能写成公元后××年)。我国从 1949 年起开始采用公元纪年，现在的教材实际上也是把各种纪年方法换算成公元纪年来表达历史时间的。因此，公元纪年是学生必须掌握的一种纪年方法。

2. 世纪

与公元纪年相关的两个概念是"世纪"和"年代"。每一个世纪为 100 年，按照习惯的用法，公元 1 世纪就是公元 1~99 年，以后的每一个世纪仍是 100 年，即 2 世纪变成公元 100~199 年。公元前 1 世纪的为公元前 99 年到公元前 1 年。

公元前年代数字越大，距离我们"时差"越远；公元前年代数字越小，距离我们"时差"越近。

判定某一年在哪个世纪时，可以用一个简单的方法，即如果这个年份是两位数，即在 1~99 年间，那么这一年肯定是在公元 1 世纪里，如果这一年是三位数即在 100~999 年之间，那么把这一年的第一位数加上 1，就可得到这一年所在的世纪。例如公元 618 年，第一位数为 6，6+1=7，所以这一年是在公元 7 世纪里。如果这一年是四位数，即在 1000 以上，那么就以这一年的前两位数加上 1，就可得到所在的世纪了。如 1840 年，前两位数为 18，18+1=19，所以这一年在公元 19 世纪内。

公历的一个世纪中，又分为早期(初期)，中期，晚期(末期)，或前半期、后半期等。早期(初期)一般是一个世纪的前 30 年；中期指一个世纪的中间 50 年；晚期(末期)指一个世纪的后 20 年。前半期和后半期是指一个世纪的前 50 年和后 50 年。

特别注意：公元前 3 世纪晚期，应该是前 220 年到 201 年。公元 3 世纪晚期，应该是 280 年到 299 年。

在使用公元纪年时，应当指出一点的是：计算涉及跨公元前后的时间，与单纯的计算公元前或公元后的时间有所不同，即必须在计算出的时间总数上减去一年，如计算公元前 841 年到 1949 年之间有多少年，正确的计算是 841+1949−1=2789 年，可以把这种算法归纳成一个简单公式"前后相加再减一"。这里之所以要减去一年是因为公元纪年不设公元 0 年，不能按照数学上的正负数的概念来计算跨公元前后的时间。

3. 历史学

广义讲，历史学是研究一切事物发生、发展原因、状况、特点、影响、规律等问题的科学；狭义讲，是研究人类及和人类关系密切的事物的发生、发展原因、状况、特点、影响、规律等的人文学科。我们通常所说所学的历史主要是指狭义历史。

4. 古代

在我国历史分期上泛指 19 世纪中叶以前的时代。

在指原始公社制时代和奴隶时代时，通常把奴隶制时代称古代。

5. 中世纪

中世纪(约公元476~1453年)，是欧洲历史上的一个时代(主要是西欧)，由西罗马帝国灭亡(公元476年)数百年后，在世界范围内，封建制度占统治地位的时期，直到文艺复兴时期(公元1453年)，资本主义抬头的时期为止。"中世纪"一词是从15世纪后期的人文主义者开始使用的。这个时期的欧洲没有一个强有力的政权来统治。封建割据带来频繁的战争，造成科技和生产力发展停滞，人民生活在毫无希望的痛苦中，所以中世纪或者中世纪的早期在欧美普遍称作"黑暗时代"，传统上认为这是欧洲文明史上发展比较缓慢的时期。

另有一种说法是中世纪到1640年结束。1640年爆发英国资产阶级革命标志着世界近代史开始，中世纪结束。

6. 近代

过去距离现代较近的时代。

世界近代历史时期，一般以1640年英国资产阶级革命为开端，终于1917年俄国十月社会主义革命。不过，1917年俄国十月社会主义革命的爆发标志人类进入一个新纪元的现代社会，只是一些社会主义国家的说法，在全世界范围并未确认。

中国近代历史时期一般认为是自1840年鸦片战争至1949年新中国成立。在史学上也通常指资本主义时代。

7. 现代和现代化

今天普遍公认的"现代"是指18世纪启蒙运动兴起以后的历史时期。关于"现代"含义的解释，哈贝马斯的说法最具代表性，他指出："人的现代观随着信念的不同而发生了变化。此信念由科学促成，它相信知识无限进步、社会和改良无限发展。"

最早使用"现代化"一词是在1951年6月。在美国社会科学研究会经济增长委员会主办的学术刊物《文化变迁》杂志编辑部举办的一次学术讨论会上，与会学者讨论了贫困、经济发展不平衡等问题，第一次使用"现代化"一词来描述从农业社会向工业社会的转变特征。这种描述到今天仍不失其意义。中国现代化研究先锋、原北京大学现代化研究中心主任罗荣渠先生，就沿用这一说法来描述他心目中的"现代化"。他指出："从历史的角度来透视，广义而言，现代化作为一个世界性的历史过程，是指人类社会从工业革命以来所经历的一场急剧变革，这一变革以工业化为推动力，导致传统的农业社会向现代工业社会的全球性大转变过程，它使工业主义渗透到经济、政治、文化、思想各个领域，引起深刻的变化。"

现代化具有无比巨大的经济、政治能量，今天的经济发展、社会进步、生活便捷无一不是现代化带来的结果。从而，现代化也就成了人类历史进程中一道充满诱惑力的迷人风景。

社会主义国家的说法是，现代社会以1917年十月革命为开始标志。中国现代一般指1949年至今。

8. "左派"和"右派"等问题

用"左"或"右"来区别派别的习惯来源于1789年法国大革命时期的三级会议。当时的国民公会里山岳派习惯坐在会场左边，吉伦特派习惯坐在会场右边。后来山岳派实际上成为雅各宾派。

"左翼"又叫"左派"：思想激进的派别。

"右翼"又叫"右派"：思想保守的派别。

"左倾"：政治思想上超越客观，脱离社会现实条件，陷入空想、盲动和冒险的倾向。

"右倾"：政治思想上，认识落后于实际，过于保守，不能随变化了的客观情况变化、前进，甚至违背客观发展规律的倾向。

不过遇到具体情况的时候就很复杂了。很多时候不见得"左派"就正确，也不见得"右派"就错误。比如过于激进的雅各宾派所采取的非人道的血腥恐怖政策无论如何都是要否定，即便是在所谓危机情况下。另外，雅各宾派的土地政策所造成的小农经济状况严重影响了后来法国经济的快速发展。

9. 史料

史料是指可以据以为研究或讨论历史时的根据的东西。一般将史料区分为第一手史料和第二手史料。前者是指接近或直接在历史发生当时所产生，可较直接作为历史根据的史料（例如，考古发掘的文物、当时的户籍、地方志、档案、诏书、日记等），后者是指经过后人运用一手史料所作的研究及诠释（比如很多历史学家写的历史著作，如柏杨写的《中国人史纲》等）。

但二者的界限经常并不明确（例如，《史记》、《诗经》等就很难说是一手史料还是二手史料）。一般文中所称史料，主要是指第一手史料。

史料按存在形式，又可分为文字史料和非文字史料。

文字史料包括史书、档案文书类、思想或学术著作、文学作品、日常生活中的文字遗留（包括如古代的农民历、商店的账簿、土地契约书、日记以及私人来往的书信等）、报刊杂志等。

口述史料多用于现代史的研究，借由对尚在人世的当事人访问口述而获得对历史更直接深入的了解。

其他还有碑刻、墓志、家谱等。

非文字史料情况如下：

图像类：如绘画、壁画、刺绣图案等；实物类：包括古代建筑、家具、衣物、器物、饰品、钱币、墓葬，用以探讨当时人的生活及观念等；风俗类：借由对于当今流传风俗文化的观察，作为讨论历史现象的依据，例如，对今天残留的某些民间礼仪，推想古代生活的情况。对现在仍存在的原始部落的研究，可推想古代的情形。摩尔根的关于原始社会的研究，就是找到现存的原始部落的活标本进行的。

10. 中国古代史书体例

①编年体：以年代为线索编排的有关历史事件，如《左传》。

②纪传体：通过记叙人物活动反映历史事件，如《史记》。

③纪事本末体：以事件为主线，将有关专题材料集中在一起。首创于南宋的袁枢，如袁枢的《通鉴纪事本末》。

④国别体：以国家为单位分别记叙的历史，如《战国策》。

⑤通史：不间断地记叙自占及今的历史事件，如《史记》。

⑥断代史：记录某一时期或某一朝代的历史，如《汉书》。

以上六种体例是按照不同标准分的，实际上同一史书按照不同标准可同时归入不同体例。如《三国志》属纪传体、国别体、断代史。

三、
关注最新史学研究成果

2010年笔者去广州参加高考研讨会。会上中山大学鳌光旭教授（曾多次参加高考命题）指出，中学历史教学存在的第一个问题就是教学与当前的历史研究严重脱节。中学师生只顾埋头整理和背诵教科书，但对一些最新的史学研究成果关注不够。而教科书仅仅是一个参考，不一定具备权威性，也很难及时反映最新历史研究成果，存在着片面和质量不高等问题。所以当一些高考历史题目一出来，很多老师就抱怨自己的教学白费力气了。当发现历史试题和教科书上的观点，和以往的常识不符的时候，甚至有老师说要揪出那个出题的人。然而，无论如何专家就是要通过高考来引导中学历史教学关注和学习最新史学研究成果。

我认为鳌光旭教授讲得很好。先不说应付考试，就历史教师个人去学习钻研历史来说，也应该去关注最新史学研究成果。因为种种原因，我们的教科书还存在不少观念滞后，甚至错误的问题。

其实，在此之前，刘宗绪教授等也都多次指出这一问题，但这一问题依然非常普遍、严重地存在。

所谓新史学研究成果，主要新在两个方面。一是材料新；二是观点新。当然我要说明的是，新不见得就都代表更靠近真理。新与旧往往也是相对而言的。例如，一些学者早研究透的东西，民众还不知道，对民众来说是新的。再如，很早就有人发现的史料或提出的观点，现在人们感觉新，只是当时没人在意、关注。还有一些解密档案，有些人早就知道其中的内容。

从应试的角度看，不关注、不学习思考最新史学研究成果会造成哪些严重问题呢？

首先，会因为找不准学习的侧重点，而可能浪费大量的时间、精力。例如，关于太平天国运动，特别是它的意义，在教科书中有详尽描述，而目前史学界并不都认同。对太平天国运动的落后性、愚昧性和破坏性学术界已经基本形成共识，而教科书中却基本没有提及。高考命题会是怎么样呢？那就很可能不考。即使考，出一道赞美太平天国运动的题目的可能性也不太大。如果我们了解这些情况，我们就可以在太平天国运动这一节或一目内容上少花精力。还有像义和团运动的意义等都是很值得商榷的。

其次，会造成学生答题违背史实，理解偏差，方向错误。我举两个例子说明。

20世纪90年代出的一道高考题目，让全国的师生震惊。那是一道材料题，材料的内容是北洋军阀的代表没有在巴黎和会上签字，问你对这件事怎么评价。本来这是北洋军阀做得很好的一件事情，应该表扬。但是，几乎百分之九十九的学生仍然依着惯性把北洋军阀大骂一通。好一点的回答是先肯定了一小下，接着还是大骂其反动卖国本质。

为什么会出现这样奇怪的状况呢？一是我们师生太不关注史学研究新动态了。最新史学研究成果表明，北洋军阀的统治并不像我们以往长期宣传的那么糟糕——军阀混战、民不聊生、黑暗无边。就拿爱国问题来说吧，在领土主权问题上，北洋军阀是主张寸土不让的；二是我们长期受僵化思维模式的影响。很久以来部分国人的惯性思维是：坏人就一切都坏，好人就一切都好，坏人不可能做好事。对北洋军阀的统治，我们习惯用一个简单的"坏"字来否定。学生当年在考场上怎么也转不过弯来，心说我怎么可以说一个被老师和教科书骂得一无是处的政府好话呢，即便他们做的那件事看上去似乎是对的，但本质也是极坏的。（很类似于现在的一小部分网民，只要看到美国马上开骂，无论哪个国家发生状况，都是因为美国在背后捣鬼的思维方式。）

我认为当年这道题目虽然使得全国绝大多数学生失分严重，但它对引领师生不断学习，打破僵化的思维模式是有着非常重大的历史意义的。

也是在20世纪90年代，某市期末统考的一道历史题目是这样问的——民国时期我国教育有哪些成就？结果学生的答案全部是扫盲教育、九年义务教育、三个"面向"、恢复高考、建立学位制、211工程等。基本上全部都是解放后的内容，结果绝大多数同学是0分。造成这种悲惨结果的原因除了学生没有很强地把控时间限制的意识和课本中只对解放后的教育成就有集中描述外，还有一个重要的原因，就是我们打心眼里没有把民国当回事，更没有在乎民国时期的教育。可能还停留在"军阀、国民党反动派统治下还有什么教育成就？"的疑问上。而目前，学术界已经基本公认民国时期不但获得了很高的教育成就，而且大师级人才辈出。

再举一个例子。很早以前，学者黎鸣等人就不同意把战国后叫做封建社会。因为封邦建国在战国已经结束而不是开始，战国后的古代中国与西方的封建社会又完全不同。现在，已经有更多的学者愿意称战国后为官僚社会，战国前为血缘贵族社会。如果我们不了解这一情况，那么对以下题目的判断就会迟疑。看下面这道选择题。

战国时代是一个社会剧变的时代，以下描述比较确切的是（　　　）。

A. 从部落时代向封建时代过渡

B. 从地方自治社会向中央集权过渡

C. 从血缘贵族社会向官僚社会过渡

D. 从民主社会向专制社会过渡

假如学生不了解官僚社会等新名词，还在寻找标准答案"从奴隶社会向封建社会转变"的话，那不就糟糕了。甚至可能以为题目出错了。

目前，随着改革开放的深入，随着思想解放的加速，随着互联网技术的发展，随着国际间学术交流的频繁，更由于学术自由度的增加，史学研究的新成果层出不穷，硕果累累。在有些历史问题上，一些民间业余的历史爱好者的研究甚至都已经比一部分研究历史的专家超前了。

面对这样一个大好形势，我们学习历史的老师和学生没有理由两耳不闻"窗外史"。我们应该满怀激情地去关注历史研究新成果，不断思考和学习。

四、
提高逻辑思维能力是学好历史的关键

《韩非子·难一》中说了这样一个故事：有个卖盾和矛的楚国人，夸他的盾说："我的盾坚固无比，任何锋利的东西都穿不透它。"又夸耀自己的矛说："我的矛锋利极了，什么坚固的东西都能刺穿。"有人问他："用您的矛来刺您的盾，结果会怎么样呢?"那人张口结舌一句话也答不出来。

这位卖盾和矛的楚人之所以闹出笑话，就是因为他的逻辑思维出了问题。而现实生活中，我们也会时常犯逻辑思维的错误，只不过没有意识到，或不那么明显。

目前高考历史试题百分之八十需要依靠逻辑推理能力来完成。绝大部分题目所选材料、角度之新颖使得预测高考题成为妄想。如果我们不注意提高逻辑思维能力，一味重视应试技巧和题海战术，就是一种舍本逐末的做法，其结果只能是高耗能、低产出。

从学生的答题情况看，我们发现不少学生存在逻辑混乱、思维自相矛盾、无法自圆其说的情况。

人的思维能力主要包括两大类：一是直觉顿悟；二是逻辑理性。直觉顿悟一般用在散文、诗歌等艺术门类比较合适。但议论文必须运用逻辑理性思维。很多时候历史材料型问答题的答案就是一篇篇微型小议论文。这就告诉我们，要想答题优质，就必须提高自己的逻辑思维能力。

那么如何提高逻辑思维能力呢?

1. 首先要了解一些逻辑思维的常识

逻辑(Logic)是在形象思维和直觉顿悟思维基础上对客观世界的进一步地抽象，所谓抽象是认识客观世界时舍弃个别的、非本质的属性，抽出共同的、本质的属性的过程，是形成概念的必要手段。

概念、判断、推理是形式逻辑的三大基本要素。概念的两个方面是外延和内涵，外延是指概念包含事物的范围大小，内涵是指概念的含义、性质；判断从质上分为肯定判断和否定判断，从量上分为全称判断、特称判断和单称判断；推理是思维的最高形式，概念构成判断，判断构成推理，从总体上说人的思维就是由这三大要素决定的。

它要求思维满足同一律、矛盾律、排中律和理由充足律。这四条规律要求思维必须具备确定性、无矛盾性、一贯性和论证性。可以说形式逻辑是一切学科的基础。

我们常说的逻辑通常指人们思考问题，从某些已知条件出发推出合理的结论的规律。

2. 要认识逻辑思维的意义

逻辑思维绝不限于思想家或科学家建立理论体系，对我们普通人也同样重要。自觉使用逻辑思维能"倍增"人的原始天资，使得你比具有相同智商的人"聪明"得多。福尔摩斯之所以能侦破别人破不了的案，全靠他把逻辑推理应用得炉火纯青。

其他行业其实都一样，爱因斯坦本人就说过，科学家解开客观世界的奥秘和大侦探侦破案件的过程并无不同。

同理，逻辑思维习惯能使你具有起码的辨伪能力，无论听到什么谣传都能在瞬间内初步判断其可靠性，此所谓"谣言止于智者"。看书时更能有独立批判能力，不至于让人轻易洗脑。

这是从个体来说，从群体来看更是如此。思想交流要有可能，就必须先"统一度量衡"，把彼此使用的概念规范化，这才能让对方明白你说的是什么意思，通过争论或讨论或者达成共识，或如柏拉图的对话录显示的那样，双方准确辩诘，暴露原先忽略了的思维错误，最后深化双方的认识。否则必是鸡同鸭讲，徒然浪费时间。

而在儒学那里，"仁"、"圣人"、"君子"、"小人"等重大概念，从来不曾明确地严格地定义过。究竟什么样的人才是君子，不得而知。有时他们也试图下"定义"，如"不偏之谓中，不易之谓庸"等，但从逻辑学角度讲都是没有什么意义的，因为他们的内涵与外延从未"确定"过。

3. 要勇敢地从名言典故中发现逻辑错误，提升逻辑思维能力

中国古人具备直觉和顿悟思维的优势，但缺乏逻辑思维能力。直到清末，

严复由英语的 Logic 音译为逻辑，中国人才开始知道世界上还有逻辑这回事。而在西方，两千三百年前，古希腊的伟大思想家亚里士多德就以《工具论》创立了传统形式逻辑，为逻辑发展史树起了第一座丰碑。

翻开《史记》，随处可以发现很多缺乏逻辑的例子，虽然一些例子不单纯是逻辑问题。伯夷、叔齐因为周朝取代了商朝而不吃周的粮食，只吃野菜，以显示自己的名节。一旁人和他们说野菜也是周的，结果两个人就连野菜也不吃，最终饿死在首阳山。这两个人根本没有想到粮食和野菜都不是周政府的，是大自然赐予的和老百姓种出来的。

还有一个叫司马穰苴的春秋时期齐国的将军，他为了树立自己的威信，吓唬士兵，先是按军法把迟到的监军庄贾杀死。这件事好像没太大问题，但是紧接着司马穰苴主演的一系列"荒诞剧"展开了。国君派来的使者传达国君不杀庄贾的旨意，飞奔到军营。司马穰苴说按军法在军营中驱车奔驰的要处死，不过国君的使者不可以处死。于是就杀了使者的随从，砍了车厢左边的旗杆，杀了拉车的三匹马中最左边的一匹。然后向三军示众。大家想想，随从都是听人使唤的，不是责任人，至于左边的旗杆和最左边的马更是没有人的意识，他们都和这次违犯军法没有任何责任关系，但却遭到冤杀。另外，左边的旗杆和最左边的马有罪，而右边的旗杆和右边的马没罪，大家瞧瞧，这是什么逻辑？

就连大军事家孙子，也犯过类似错误。他曾给吴王阖闾说兵法。吴王阖闾问，能不能按照你的理论实际演习一下。孙子说可以。吴王阖闾又问，可不可以用我的宫女来演习，孙子说可以。注意，宫女是侍候皇帝的，主要学习歌舞和献媚术的，而孙子说她们可以用于军事演习，这是不合逻辑的。你现在见过哪个国家让服务员参加军事演习的？结果，那些宫女自然不守军纪，就被孙武杀了好几个人。

商鞅也是一个常犯逻辑错误的人。有一次，公子犯了错误，他不敢处置，就杀了公子的老师。

孔子有时也缺乏逻辑思维。他说肉割的不方正就不吃，担心吃了不方正的东西自己就不正直了。不是正方形的席子孔子不坐，因为他认为那会使得自己变得邪曲。其实，吃什么形状的东西和一个人的品格养成没有任何内在逻辑关系，而孔子非要把这两个毫不相关的事情联系起来，这就犯了思维错误。按照孔子的逻辑，月亮、太阳是不能看的，汤圆、包子也都是不能吃的，因为这些都能使人变得圆滑。

许多古代经典里都有缺乏逻辑思维的表现。如《女儿经》里说，父母说的对的要听，不对的也要听。

二十四孝的典故里有不少类似的故事。现举两则。大孝子郭巨因为家里太穷，怕孩子和爷爷争食就决定把孩子活埋了。其逻辑是父亲只有一个，而孩子可以再生，他弄不清再生的孩子并不是原来那个孩子。他还弄不清其父和其子都是一条性命。要说争食，郭巨一条壮汉的饭量肯定比他几岁的孩子大得多，如果把自己活埋了岂不是更省粮食？

大孝子丁兰给父母雕了木像，每天早请示晚汇报，端水送饭，就好像父母在世一样。这真是挺感人的，也没有什么大问题。但是很快就出了事情，妻子竟然用针把木头父母像的手指扎出血，大孝子丁兰回家发现了，并看到了木头父母像流出眼泪，于是愤怒的丁兰就把妻子给休了。且不说这明显是个编造的故事，就看大孝子丁兰的逻辑混乱吧——他把父母木像和父母画上了等号。

一些耳熟能详的名言警句却可能存在严重的逻辑错误。如"有志者事竟成"就是一例，因为有志只是成功的有利条件之一，并不是充分必要条件。古今中外，壮志未酬的人多的是，看超级女生，你就知道想当歌星的海了，可最后成功的不就几个人吗？我上高一的时候，有一次语文老师布置的命题作文就是这个题目。我当时是写了一篇驳斥的文章，弄得语文老师不知道该如何评判。

逻辑错误的名言还有很多："天下有道则仕，无道则隐。""不以物喜，不以己悲。""凡是敌人反对的，我们就拥护；凡是敌人拥护的，我们就反对。""人有多大胆，地有多大产。""无煤也炼焦，无焦也炼铁"等。

通过对人们不太怀疑的典故和名言中的逻辑错误错在何处的分析，会较快地提高自己的逻辑思维能力，也可使得自己在行文中尽量避免犯逻辑上的错误。

4. 从自己和他人的言辞中发现逻辑错误的表述

平时，我们可以发现很多在逻辑上明显错误的言论。

比如谁表达了美国哪方面好，就说谁卖国；指出自己国家的不足之处，也是卖国。其实，这些和卖不卖国没有任何关系。就好比我们说巴西足球踢得好一样，和卖不卖国实在没有什么关系。反之，指出自己的祖国有什么不足之处，也不是卖国。

还有人说"买日本货等于卖国"。这种观点也明显站不住脚。那外国人买中国货算不算卖国呢？在全球化的今天，这种观点狭隘、可笑。

有一位学生说："美国虽然政治制度优越，经济、科技领先世界，但我就是希望它倒。"这里明显存在感情用事的问题，前提和结论自相矛盾。

还有一位学生说："对儒学批评和藐视就是否定祖宗。"这明显属于混淆概念。因为儒学不等同于祖宗。如果说古代的东西都是祖宗，那缠足、太监制度、秦始皇等也都批评不得。

史密斯著《中国人的性格》一书中有一个例子说："你若问一个中国厨子，你做面包为什么不放点盐呢？中国人往往回答你：是的，先生，我们做面包不放盐"。作者在列举了许多类似的例子以后总结道：中国人不太会按照理性去推理，他们不知道如何去思考问题的答案和事情的原因，他们习惯于用事实本身来解释事实。

一位学者说："我在某网络上看到过一位伟大的中国女性发表的高论，面对众人对大跃进的批判，她说她感谢'大跃进'。理由是什么呢？她说她爸爸是北京军区的一位军阶很高的军官，'大跃进'年代她们家一点儿也没有受影响，别人家都没有吃的，她们家什么都有，甚至有罕见的奶糖和其他奢侈品，因此她说，她感激'大跃进'。这就是一个很典型的'因果关系脱节'的思考例证，她应该感谢的是她爸爸，确切地说，她要感谢她爸爸的军阶和特权，她所能享受到的一切，皆来自于特权，而不是来自于'大跃进'。换句话说，有没有'大跃进'是无关紧要的，只要她爸爸是高级官员，她任何时候都能吃到奶糖和饼干。"

还有一种国人特有的思维习惯，就是无法按照一贯性的思维去思考，不断地转换话题，直到把问题搞得面目全非。作家鲍尔吉·原野曾经写过一篇散文，很形象地描述了他在商店里遇到的这类尴尬。他本来想买山西产的蜜枣，问了商店里的女服务员，答曰"只有陕西蜜枣"。曰："我要买山西蜜枣，陕西的我就不买了"，刚要走，女服务员不满地发起牢骚："山西不就是陕西吗！不就差了一个字吗！就你那么矫情！"作者回过身来想说明山西和陕西不一样，如同贵州不是苏州，但是服务员已经将话题转换了："显得你有学问是不是？不就是个知识分子吗，你有啥了不起啊？你说，你有啥了不起?!"。

问题从"山西与陕西不一样"发展到了"你到底有啥了不起"，转变之迅速，令人措手不及。

生活中经常会遇到不断转换辩论问题的辩论"高手"，而一般人不注意还真听不出来。有一次一位朋友说能够当上领导的都是有能力的。我说不一定，多少年连一个毒食品的问题都解决不好，叫做都有能力？那位朋友说毒食品总没有把你吃死吧？我说没有把我吃死，不等于没有把别人吃死，更不等于对人的健康没有危害。那位朋友紧接着做出讽刺性的惊人结论："有些人发牢骚，那是因为他自己上不去。"乖乖，本来是讨论当上领导的人是不是都有能力的问题，结果三句话里转了三个话题，变成"毒食品有没有把我毒死"，再变成"我为什么会发牢骚"。最后，我只好举白旗认输，告诉他无法再辩论下去。

还有一种缺乏逻辑的表现是把不同范畴的东西拿到一起比较。比如问为什么在同样加温的情况下，鸡蛋可以孵出小鸡而石头不能。这种比较本身就很荒谬，因为鸡蛋和石头根本不是一个范畴的东西。还有，诸如"比成绩更重要的是独立人格"。这也很荒唐。因为成绩和独立人格是不同范畴的两个概念。成绩好坏和人格是否独立也没有必然的关系。假如这句话通顺的话，那么，我们还可以说很多诸如"比成绩更重要的是身体，是爱心，是美感，是毅力"等。如此，这种比较就没有意义了。

5. 列举逻辑思维能力强的经典段落去体会、学习

人们对一切束手无策的时候都认定是体制出了问题，但是在体制的迷墙上密密麻麻的砖块分明又是人。人和体制的关系真是不简单。请看著名画家陈丹青的一段精彩描述：

现在呢，现在的教育局面弄成这般繁荣而荒凉，倘若以上教育家活转来，谅必也是一筹莫展，便是再强的强人怕也无计可施。历史的进退，诚哉此一时也彼一时：在健全制度的过程中，"人"的效能被刻意消解，我们又走到历史的另一极端——平心而论，"人治"的独断早经抑制，然而我们也不再拥有卓越的"人"。"人"的集体平庸、被迫平庸，是现行体制的前提与后果，可是体制总得假手于"人"，怎么办呢，妙得很：它将昔日独断分明的"人治"拆卸为无数隐形的"人"，又将"人"的性能一概设置为体制的零部件，尔后冠之以体制之名，治理大学。这治理的统一模式，便是有权利而没担当，有政策而没主张，有计划而没理想。其过程，是人性持续地被磨损、被扭曲、被抵消，教育的主体及其主事者终于全盘"体制化"，至此，体制不再体现为教育，而是教育体现为体制。

像这样思想深邃、见解独到、逻辑思维能力超强的文章段落，多阅读，一定会锻炼我们的逻辑思维能力。

再看科恩在《论民主》中关于民众对官员的判断态度的思考：

"有的人自然会这样想：'他们'——这些官员——都是有名望、受尊重的人，最有资格对重大问题做出判断，他们的决定是无须怀疑的。此话前提是合理的，但不能得出这样的结论。领导人的判断应该得到尊重，但也应加以怀疑，否则，公众就会失去对公职人员的判断，随之也会失去公众应有的不间断的最后决定权。"

科恩在《论民主》中关于民主与专制在效率问题上的差异有一段精彩的论述："民主与专制之间的差异，可比为木筏和帆缆俱全的帆船之间的差异。前者航行安全，但很缓慢，在浪中起伏，有时后退，风暴冲击时，乘客的脚常常被弄湿。后者则航行时迅速壮观，舒服而有把握，有时却撞在木筏可安然度过的礁石上，造成灾祸。……专制政体解决冲突的办法宣布时就有把握，必然是干净利落，径情直遂的，行动也是迅速的，方向也是明确的。但社会中多种利益集团，一般不愿准确地朝着同一方向走去。专制政体的效率与决断是以高昂的代价取得的。它壮观的表面可能掩饰着日益加剧的愤怒与不满，基础的不牢。民主的解决办法来自妥协，更有些像木筏。他们不是声势浩大地解决问题，而且很少谈得上效率与干脆。他们甚至可能不是明确地向一个方向。然而，由于冲突各方的压力，而且各方都得到某种满足，他们必然会缓和最严重的紧张局面，渡过专制主义所不能渡过的难关。"

类似这些经典的逻辑思辨能力超强的论断还有很多。我们要善于发现和仔细体会，从中一定会受益匪浅。

6. 以下列举网络上流行的典型的逻辑混乱的语句，大家看看犯了哪些逻辑错误

美国人提倡民主，你也信仰民主，所以你就是美帝的走狗；日本人爱鞠躬，你也鞠躬，所以你就是无耻的汉奸……否则，你怎么解释如此巧合呢？

A：这鸡蛋真难吃。

B：隔壁家那鸭蛋更难吃，你咋不说呢？

A：这鸡蛋真难吃。

B：请拿出建设性的意见来，有本事你下个好吃的蛋来。

A：这鸡蛋真难吃。

B：下蛋的是一只勤劳勇敢善良正直的鸡。

A：这鸡蛋真难吃。

B：比前年的蛋已经进步很多了。

A：这鸡蛋真难吃。

B：你就是吃这鸡蛋长大的，你有什么权利说这蛋不好吃？

A：这鸡蛋真难吃。

B：你这么说是什么居心、什么目的？

A：这鸡蛋真难吃。

B：光抱怨有什么用，有这个时间还不如努力去赚钱。

A：这鸡蛋真难吃。

B：你又心理阴暗，连鸡蛋不好吃也要发牢骚。

A：这鸡蛋真难吃。

B：该鸡蛋被一小撮不会下蛋的母鸡煽动导致变臭。

A：这鸡蛋真难吃。

B：中国的鸡蛋就难吃，美国的鸡蛋就好吃？卖国贼！

A：这鸡蛋真难吃。

B：外国主子给你多少钱，你在这儿胡说？

A：这鸡蛋真难吃。

B：你竟敢说我们养鸡场的鸡蛋难吃？你站在谁的立场上说话？

A：这鸡蛋真难吃。

B：端起碗吃蛋，放下筷子骂娘，不知好歹，忘恩负义，无耻！

A：这鸡蛋真难吃。

B：难吃的鸡蛋是极少数，绝大多数鸡蛋是好的，是优秀的，是经得起考验的。

A：这鸡蛋真难吃。

B：我们要建设有自己特色的养鸡场，让母鸡下出有自己特色的蛋！

A：这只鸡蛋真难吃。

B：中国鸡，加油！——中国爱国青年。

A：这鸡蛋真难吃。

B：没有一只蛋是十全十美的，所以就无权对蛋说三道四！

五、
克服思维缺陷，培养优质思维品质

除了培养逻辑思维能力以外，我们还要在以下几个方面克服僵化的思维模式，提升自己的思维品质。

1. 克服单一角度思维，培养多角度思维能力与习惯

单一角度思考问题往往会使得我们思想偏执、幼稚和浅薄。就好像盲人摸象的故事一样，得出的结论也往往荒唐可笑。

近几年一些明星加入外国籍成为众人热议的话题，很多人说他们不爱国。其实这不只是爱国和不爱国这样一个简单的问题。如果我们换几个角度看，比如从全球化、国家的安全与福利、国家对世界人才的吸引力等角度看，就会有一种豁然开朗的感觉，我们的思维品质和思维价值就会陡然提升。我们会思考如何提高我们国家的安全与福利，如何改善吸引人才的环境，使祖国的魅力增值。这个时候，你会发现，简单地谩骂明星不爱国会是多么愚蠢可笑。

我每次讲鸦片战争的时候都要训练学生多角度思考问题的能力。一开始提问学生鸦片战争中国失败的原因，每个学生只能说出一条至两条（从一两个角度），这说明他们的思维能力还处在单向思维的水平。经过我不断地启发、训练，过一段时间，学生遇到类似问题，就知道从政治、经济、文化、军事、外交、地理等多方面考虑问题了。这个时候，学生的历史思维能力已经有了飞跃性的提高，理性认识水平也提高了。

大家先看一开始学生单一角度的回答。

甲：因为中国落后，特别是经济落后（经济）。

乙：因为清王朝腐败（政治）。

丙：因为清朝已经衰落（总趋势）。

丁：因为英国建立了君主立宪制度，完成了工业革命（政治、经济）。

再看从以下几个角度思考的中英鸦片战争前对比表。

角度	中	英
政治	君主专制	君主立宪
经济	小农经济（农业国）	资本主义工商业（工业国）
文化	宋明理学为主；民主色彩思想被压制	文艺复兴、宗教改革、启蒙运动
军事	大刀、长矛为主的冷兵器，战略、战术思想落后	船坚炮利
外交	闭关锁国	积极开拓国际关系
科技	传统经验总结	近代科技诞生
地理	相对封闭（内陆文明）	大西洋沿岸（海洋文明）

大家看过这一多角度的思考之后，就会发现原来还有很多的新天地可以开发。看问题就全面深刻了很多。比如，文化中的宗教因素其实也是一个非常重要的问题。只不过容易被我们忽视。

一些新颖的角度，可能给我们带来很大的震动。例如，一提到圆明园一般人都是赞叹其辉煌、痛惜其被毁。可有人换了一个角度如是说：圆明园是用人民的血汗修建而成，却为皇家独享，百姓不能进去看一眼，何必叹惋。我们先不说其观点是否正确，但其思考问题的角度开启了我们思维的一片新天地。

再如对牛耕的看法，过去我们一直从人和生产力的角度来赞颂其出现的划时代的意义。然而，换一个角度看，这是不是对牛的极其残忍的虐待呢？太不"牛道"、太不"牛文主义"呢？这件事是不是我们人类缺乏博爱精神和善良之心的典型表现。牛失去了自由和快乐，人类使它们的命运悲惨了几千年，人类是不是在犯罪？有人认为在牛鼻上穿上一个铁环，是人控制了牛的一项伟大发明。而庄子却对"穿牛鼻"这一违反自然的残酷行为给予了猛烈地批判。

一个新的思维视角会带给我们惊喜，甚至有时候可以打开我们创造的闸门。

2. 正反两面思考

正面思考：即是常规的思考。

逆向思考：是对司空见惯的似乎已成定论的事物或观点反过来思考的一种思维方式。敢于"反其道而思之"，让思维向对立面的方向发展，从问题的相反面深入地进行探索，树立新思想，创立新形象。反面思考同逆向思考差不多，思考一个问题看到这个问题的对立面。

例如，人们看到苹果成熟了，自然就会想到苹果快要落地了。这就是正面思考。但是天才的牛顿却想，苹果为什么不向空中飞去。这就是一个惊人的反向思考。

通常认为水是柔弱的象征，但是老子却发现了水的威力，例如发大水的时候，再坚固的钢筋水泥建筑都可能被水冲垮。

另外，一个事物总有正反两个方面。例如，工业革命，既有推动人类进步的巨大功绩，也有污染环境、破坏田园牧歌的生活情调，使人类工具化、机器化倾向加剧等的消极影响。

人们现在大多都在讨论官员骄横、腐败的问题。但也有人开始反思群众的懦弱和愚昧的问题，反思土壤问题，有句话叫"什么样的土壤长出什么样的庄稼"。

有一年的高考题，说的是很多古人把唐朝衰落的原因归结为杨贵妃迷惑唐玄宗，使得唐玄宗昏庸、不理朝政。答案却有一个很巧妙的反向思维，是唐玄宗宠爱杨贵妃，唐玄宗抢夺了儿媳妇，责任主要不在杨贵妃。

现代科技的发展大大提高了传递信息的速度。为人类的方便和发展做出巨大贡献。但是，是不是慢的价值就完全消失了？"熊猫慢递"以追求慢的反向思维获得了成功。它可以按照写信人的要求把信件在几周后、几月后、几年或几十年后寄到收信人手中。笔者有一次路过一家"熊猫慢递"，看到里面寄信的人很多。

3. 克服一问式表层思维模式，培养深层追问式的思维习惯

很多人长时期停留在一问式表层思维模式的水平，很少深层追问。而高素质的思维就像是剥洋葱头，层层向内核深处靠近。

一问式表层思维模式就是思考问题只在问题的第一层面，就好像吃苹果每次只啃了一下苹果皮。例如，听说某某做了厂长，就说好，思维便停止了。从来不会问到底好在哪里？真的就是好事吗？如果这个人喜欢独裁，或把工厂搞得更血汗，或很快把企业搞垮，让工人失业了，或因为腐败问题很快进了监狱，还好不好？

某班平均分考了 99.9 分，于是很多人说好。其实，完全可以深层追问一下，过分地追求笔试成绩真的那么好吗？该班学生是否牺牲了很多应该休息的时间才取得的这个成绩？该班学生的其他方面的素质和能力的培养有没有被忽略？

很多荒谬的观点其实根本经不住第二层的追问，可是就是没有人去追问才使得谬种流传。就像夫为妻纲；唯女子与小人难养；人定胜天；识时务者为俊

杰；敬鬼神而远之；地富反坏右；阶级斗争，一抓就灵；等等。

直到现在，有时候还会听到这样一些被很多人认可的观点——打仗死几个人怕什么，中国有的是人；中国的事情难搞主要是人多；哪个国家都有腐败，没什么大惊小怪的；毛泽东时期没有腐败；美国打伊拉克就是为了石油，朝鲜分裂完全是由美国造成的；中国地震死的人多那是因为人多；长江发大水受灾人多那是因为长江长；中国百姓素质差，所以不能搞民主。这些非常幼稚的结论的得出，就是因为缺乏追问的习惯所致。假如再那么稍微深一步地思考，马上就会豁然开朗。虽说不见得就能够得出比较科学的结论，但至少不会停留在毫无价值，甚至非常荒谬的肤浅层次。

一问式思维就像信号传递几秒钟就中断一次、内容也两秒钟就跳跃一次的电视、电脑一样，让人无法看到一个基本连续、系统、完整、逻辑的画面。

下面看两个追问的例子。

2010 年 7 月 28 日上午 9 时 56 分，南京栖霞区万寿村 15 号，途经南京塑料四厂拆迁工地丙烯管道被施工人员挖断，泄漏后发生爆炸。"全城有震感"、"方圆 100 米房屋倒塌"、"500 米以内的建筑玻璃几乎都被震碎"、"浓烟大火十几公里外可见"——南京大爆炸的威力让人惊骇。而由于事发地人员密集，伤亡也异常惨烈。据目前通过正式新闻媒体透露的数据就有 12 死 300 余伤。这一事故发生后引发全国人民的高度关注。有网友发出如下追问。

追问一：众多化工厂为何建在人口稠密区？这次大爆炸之所以伤亡惨重，影响巨大，是因为化工厂建在人口稠密区。根据现代城市规划法规，化工厂不应建在城区，更不应该建在人口密集区。

追问二：大爆炸之前的警告为什么不当回事？据新闻报道，不久前（5月份），也是在南京栖霞区，就发生过一起大量丙烯泄漏事故。发生事故的是金陵塑胶化工有限公司。事故原因同样也是因为工地施工人员挖断丙烯管道。好在那次非常幸运，由于警戒、疏散和关闭阀门及时未造成大的影响。已经警告过了，但为何没有提高警惕，采取有效的预防措施？

追问三：拆迁施工方的安全意识哪去了？虽说现在搞建筑日进斗金，时间就是金钱，但在危险的化工厂旁边施工总还要悠着点吧？施工的时候就不会问问化工厂有无"定时炸弹"埋在下面？

上面例子是比较散点的追问，再看一个挖得比较深的追问实例。

2010 年我们去马来西亚旅游。当从导游嘴里知道马来西亚的医疗是免费的，住房很便宜的时候，对比中国的高房价、高医疗费，老师们你一言我一语的讨论便开始了。

"这主要是因为马来西亚人少，中国人多地少。"

"不是，日本人口密度比我们大得多。中国西北很多地方人口稀少，但房价、医疗一点不便宜。"

"这主要是因为中国地方太大，不便管理。"

"不对，加拿大比我们大，美国也不比我们小多少。"

"但美国是各地自治的。"

"这可能是一个原因。"

"我看还是人的心态问题，中国现在太浮躁，太急功近利。"

"我看还是人的素质问题。观念落后。"

"人的素质不是根本问题，我们创造了那么辉煌的中华文明，怎么说也不比马来西亚人素质差。马来西亚古代一直比中国落后，开发也非常晚。"

"但是长期的小农经济生活模式和专制统治造成了国人很难改变的落后观念，这些落后观念让近代许多人绝望。他们改变政体的努力屡次因为国民性而失败，所以才有了新文化运动。"

"我看说来说去还是体制问题。"

"体制是很根本的问题，这是众所周知的。但不能把问题归到体制就万事大吉了。为什么我们都知道体制出了问题却长期无法改变？"

"我看缺乏宗教信仰也是一大问题。宗教信仰给人向善的力量，并具备对世俗权力巨大的约束力。西方人很早就确立了上帝面前人人平等的观念，神权高于世俗权力，任何俗人都不可以成为偶像成为真理化身。"

"另外，传统观念里面的很多落后的东西束缚了国人。比如官本位、拉帮结派、血缘姻亲、明哲保身、各人自扫门前雪、青天意识以及对真理、正义的蔑视，对人权的无知等都严重阻隔了国人推动社会进步的步伐和动力。"

很多宝藏并不在地表，上面的讨论如果仅仅停留在人多的表层，那就会失去很多思考的价值，让我们好好深挖吧。

4. 克服简单二元对立思维，培养多元多值思维习惯

斯大林模式的阶级斗争学说就是一套典型的简单二元对立思维的理论。它基本上把社会上的人分为两大对立阶级：一是资产阶级；二是无产阶级。资本家的工作不是劳动，只是剥削和抢劫。这个世界是资产阶级和无产阶级冲突和争斗的世界，无产阶级是好人，资产阶级是坏人；资产阶级只会疯狂剥削、掠夺无产阶级，无产阶级贫困和受压迫就是因为资产阶级的奴役和压迫，所以劳资双方不是你死就是我活，只有把资产阶级全都肉体消灭，实现共产主义，这个世界才会永远美好。凡是富人就是坏人，凡是穷人就是好人；凡是拥护斯大林的，就是革命人民，凡是与斯大林意见不一致的就是人民的敌人、阶级敌人。这种二元对立的划分标准倒真是简单。

很多小孩在看影视剧的时候，往往会问，这个人是好人，还是坏人？这就是简单的二元对立思维法。

其实，绝大多数人不能简单地用好人和坏人来套。这种思维方式会造成思维判断的简单化、绝对化。

最近，我在网上看到一段视频，是乌有大讲堂请张宏良关于支持中国左翼"四月青年"新爱国主义运动的一段讲话。其中张宏良说："现在我们把人分为两种就简单了，就好办了。一种就是爱国的；一种就是卖国的。"这种就是典型的二元对立思维。看上去问题好像简单了，但实际上却是更荒谬了，按照这样的思维行动起来那必然会导致悲剧。

简单二元对立思维认为只有两种运动状态：来，或者去。而实际上至少还存在第三种运动状态：既非来也非去。

简单二元对立思维认为只有两种道德状态：好和坏，而实际上至少还存在第三种状态：既非好也非坏。

承认有第三种或三种以上状态的思维就是多元多值思维。具备这种思维素养的人看问题就会更灵活、全面、深刻，更容易接近真理。

假如我们在评价蒋介石的时候就是简单说他是一个坏人就了事了，那就失去了很多思考问题的价值。

简单二元对立思维往往使我们的思维过于感性、肤浅、幼稚，很容易导致错误的判断。对付贪官，就一种办法——杀，还美其名曰"乱世用重典"。其实这根本解决不了问题。对待敌人就必须是秋风扫落叶，打倒之后再踩上一万只脚。其实，究竟是不是敌人也往往没弄清楚。

关于奥数，看以下三种观点：

A. 封杀！

B. 支持！

C. 不提倡大量学生学奥数，反对奥数和升学考试挂钩。但也不要全面封杀。允许少数感兴趣的孩子学奥数。

大家通过比较这三种思维方式，体会一下多元多值思维习惯的价值。

六、
几种有效的学习方法

1. 基础知识精确化法

很多学生已经都十分重视夯实基础知识，狠抓基础知识，连早读都拿出来背历史。然而，运作一段时间，发现效果不太理想。原因是这种朗读历史会使学生忽略知识的准确性、灵活性。

历史基本概念和基础知识不但要记住，还要记得精准。

请看，2007年宁夏文综第30题：

汉武帝采纳董仲舒建议，"罢黜百家，独尊儒术"。这里的"儒术"指（　　　）。

A. 吸收了佛教、道教等思想的儒学

B. 正统的孔孟学说

C. 糅合了道家、阴阳家等学说的儒学

D. 儒家学说与权术

这道选择题非常明显地告诉我们，仅仅背诵下来"罢黜百家，独尊儒术"这八个字是远远不够的。你还必须准确地记忆这个时候的儒术包括哪些内容，还要知道道教和道家不是一个概念。再如：

西汉发明了造纸术，东汉蔡伦改进了造纸术（四大发明中以蔡伦为最亮点）。

一个发明，一个改进，注意记忆的准确，不要混淆。

再如：

关于火药，唐朝发明，唐末用于军事，宋朝广泛用于军事和生产（四大发明中以宋朝为最亮点）。

一个是用于军事；一个是广泛用于军事和生产。如果不注意精准记忆，一遇到考试题目就麻烦了。

2. 填补历史空白法

由于教科书的篇幅限制、编著者的历史观和教科书很难及时反映最新历史研究成果等原因，导致历史教科书上遗漏了大量重要的历史内容和历史理论。这些都需要我们自己去有意识地填补空白。

有意识地填补空白可以使我们对历史了解得更全面、更系统，对许多历史问题的看法不绝对、不僵化，更接近真相。

例如，关于世界三大宗教的内容，现在高中的历史课本介绍很少，而宗教对整个人类社会的影响是无比巨大的。

佛教是中国古代思想文化的三大支柱，对中国的经济、政治和思想文化都有非常深远的影响。佛教盛行的时候，曾造成劳动力的缺乏和国家可控土地的减少，甚至有皇帝都要出家。"南朝四百八十寺，多少楼台烟雨中"，敦煌壁画、云冈石窟等都是佛教影响下的艺术绝唱。《西游记》描写的就是要到现在的印度寻找佛教真经。当时求神拜佛的现象非常普遍，禅宗的故事源远流长。然而，关于佛教的教义及传播发展的情况，现在的教材提及甚少，关于佛教的一些基本知识大多数学生不太知晓。

基督教在世界上的影响更大。它甚至是近代西方文明崛起并至今领先世界的最重大的秘密之一。历史上多少著名的战争，文化的冲突与融合都与基督教密不可分。然而，至今很多学生对基督教的了解仅限于教材中的宗教改革一目。这不仅造成学生对基督教的基本教义和影响知之甚少，甚至还可能由于只见大象尾巴的一节而产生理解偏差。

关于伊斯兰教，课本几乎一字未提。

鉴于上述情况，关于三大宗教的主要教义、传播发展概况，以及对中国和世界的影响等基本内容，都是我们应该主动去填补的空白。

关于宗法制度，教科书中在对宗法制的评价问题上只有肯定，没有否定。"宗法关系有利于凝聚宗族，防止内部纷争，强化王权，把国和家密切结合在一起。"除此以外没有看到对宗法制不利因素的评价。这就给人一个误导——宗法制基本是不错的，至少是有利影响大于不利影响。其实，从今天的角度看，认识血缘宗法的消极影响意义更为重大。

把国和家密切结合在一起，是造成一些中国人思想保守的一个重大原因；将孝敬父母和忠于君主混为一谈，造成几千年来中国人一直没有养成限制权力的习惯和勇气。由于中国的宗法制一直没有被彻底打破，所以，一直不能形成个体倾向性文化。很多人人格不独立，人身依附性强，服从意识强，随大流意识强。直到今天，任人唯亲、以地域血缘为纽带的拉帮结派现象仍然很普遍。血缘家族意识里充满着权力崇拜、等级观念、潜规则操作、小圈子划分等丑恶内涵。在血缘家族意识的沙漠里，没有公正、公理、规则、平等、人格独立等意识生长的土壤。所以，宗法制一定程度上是阻碍中国人实现法制、民主社会的暗礁。这些已经成为不少学者和民间思想者的共识。可见，只关注教材中对宗法制基本肯定的描述是远远不够的。

关于罢黜百家、独尊儒术的影响，课本上的描述基本也是空白。特别是对它的消极影响只字未提。其实，罢黜百家、独尊儒术的危害绝不亚于焚书坑儒。它是文化专制政策的典型体现，是统一思想和大洗脑的恶劣行径，极大地钳制和阻碍了中国思想文化的发展，对中国后世产生了不可估量的消极影响。

还有专制主义中央集权制度的特点和缺陷等在教材中也基本上是空白，也要补充。

关于世界人权状况的进展情况，特别是中国人权发展状况在教材中体现不多。虽然教科书中涉及一些人权状况。例如，古代雅典的选举权、近代英国争取选举权的斗争、启蒙运动等，也介绍了一些重要文献，如《独立宣言》、《人权宣言》等，但具体如生存权、休息权、集会权、结社权、司法独立等情况介绍不足。而在中国古代史上，人权问题根本没有多少关照。浪费了大量笔墨在君权与相权、中央与地方的斗争的两种矛盾里兜圈子，缺乏有价值的问题的引导。其实在中国古代史上有许多值得发掘的关于人权问题的材料。诸如周历王剥夺人们的言论自由和监督批评政府的权利，造成道路以目；秦始皇剥夺人们言论自由和监督批评政府的权利，甚至焚书坑儒；宋高宗和秦桧以莫须有的罪名践踏法律，剥夺了岳飞的生存权；明朝佞臣严嵩将敢于上书弹劾他的官员投到监狱处死，剥夺了人们对官员的弹劾权；清朝学校规定学生不准议论批评朝政，否则要受到严厉责罚，清朝还大兴文字狱等，都是在剥夺人们思想的自由和权利。还有自由出版、集会、结社、示威游行等权利在中国古代基本都是被扼杀的。

古代希腊服饰、雕塑、建筑、戏剧、诗歌、科技等方面的成就和特点，中国古代服饰、建筑特点等都基本处于空白状态。古代社会生活的细节仍然很是苍白。

老教材有新教材精简的内容有：美国南北战争；西进运动；"二战"后殖民地获取独立情况；国际关系；元朝的等级制度；清王朝入侵中原后的大屠杀；文艺复兴、宗教改革的意义等都可以适当补充。

反儒家的"竹林七贤"的思想行径具有独特的价值，被余秋雨称为"遥远的绝响"，但在课本里基本没有介绍。

北洋军阀统治时期有许多丰富的内容，但在教材里基本被割裂和抽空了。

民国时期的教育是很成功的，课本上基本空白。

"文化大革命"时期农村的经济状况和生产关系需要我们自己去整理。

课本多数地方强调政府加强对经济的干预，很少提到西方自由主义经济思想。其实西方自由主义经济思想在西方一直占据主导地位，只是在某些特殊情况下，政府才迫不得已加强对经济的干预。《通往奴役之路》等倡导自由主义经济思想的著作在"二战"后全世界都产生了巨大的影响。

要学好历史，就要善于填补空白。只有善于填补空白，才可以使我们看清历史发展的脉络，才有利于我们全面、深刻地看问题，有利于我们靠近真理。

3. 网络学习法

在史学理论和材料都不断丰富和发展的今天，在网络时代如此快捷地给我们提供了如此丰富信息的时代，为什么不充分利用网络来学习呢？

大家遇到的问题大部分在网上是有答案的。

网上学习的优势是它远远比课本更全面，更系统。如，课本上有时只提供了一种观点，但在网上你可以看到三种，甚至更多的观点。你的思维和眼界一下就被打开了。

课本最缺乏的就是历史细节，而最生动的也是历史细节。在网上你就可以看到无限丰富的历史细节。

下面举几个例子。

布雷顿森林体系绝对是一个难点。很多时候看了很多遍书，听老师讲了很多遍也弄不明白。干脆在网上查一下"布雷顿森林体系"。你会发现网络上说得非常详细和系统，你的很多疑惑就会释然。同时极大地丰富了你的知识。

单看一下目录，你就会知道有多详细了。如果你还想进一步深挖，那你还可以继续搜寻相关文章。

百科名片：

布雷顿森林货币体系（Bretton Woods system）是指战后以美元为中心的国际货币体系。《关税总协定》作为 1944 年布雷顿森林会议的补充，连同布雷顿森林会议通过的各项协定，统称为"布雷顿森林体系"，即以外汇自由化、资本自由化和贸易自由化为主要内容的多边经济制度，构成资本主义集团的核心内容，是按照美国制定的原则，实现美国经济霸权的体制。

目录[隐藏]

再比如，我们要了解一个朝代的情况，假如仅从课本获得信息，那是非常不完整的。由于残缺，甚至会使得你产生很多错误的观念。

以元朝为例。从百度一搜索，出现元朝，在百科里大家可以看到关于元朝的各方面情况。

目录：

看完目录，你一定会发现在百度百科里有关元朝的情况十分全面。尽管其中一些观点值得商榷，对元朝评价过高，但对你全面了解元朝帮助很大。

4. 讨论思辨法

一项大规模的教育心理学研究发现，不同的教学方式产生的教学效率是大不相同的，见表6-1。

表 6-1

教学方式	学生记住率/％
教师讲授	5
学生阅读	10
教师演示	30
学生讨论	50
学生实践	70
学生教别人	95

从以上的调查结果看，学生讨论比单纯听老师讲授平均记住率高出10余倍。

步入高中后，喜欢主动发言、积极讨论的学生越来越少了。小学时候争抢着回答问题的情境基本不见了。很多学生只是满足于听明白就可以了，这是一个很大的学习方法的误区和遗憾。

学生讨论/辩论不但能提高记住率，还能锻炼思维能力，增长智慧。以前有一句话叫真理越辩越明。很多时候，只有在和同学、老师的辩论中思想才能深入，眼界才能开阔，思维方式才能更科学。

单从应试角度说，现在的考试题目非常灵活，非常贴近现实生活，仅仅看书和听老师讲已经远远不够。平时如果不关心热点问题，不积极参与老师组织的讨论，到了考场肯定抓瞎。

所以，同学们一定要改掉免开尊口、沉默是金的习惯，不要不好意思，不要怕别人嘲笑自己，不但在课上要积极参与思考讨论，课后也可以和同学们就关心的热点问题和历史问题发表自己的高见。只有经过自己深入思考的东西才真正是自己的东西。

从历史上看，运用讨论法学习的经典例子很多。当你翻开《苏格拉底与柏拉图对话集》，就会发现他们严密的逻辑和深邃的思想是在一层层辩难诘问中走向真谛的。再想想中国两千年前的名家就是以"辩才"闻名于世的。宋朝的书院鼓励学生质疑辩难，只是到了清朝学校才对学生的言论严格控制。

多组织辩论活动大有好处。在辩论前，学生会自己收集、组织、整理材料，提高了能力，拓展了知识面。

例如，在以"当今社会应大力提倡道家思想还是儒家思想"为辩题的课上，有位学生有这样一段发言："中华民族在世界上被称为文明古国，与孔子的思想是分不开的。世界上一些权威人物工具书如美国出版的《世界名人大辞典》选定了世界上最有影响的十位大思想家，孔子始终名列前茅。孔子是东方哲学中具有悠久的世界性的思想家，他的思想不仅在亚洲具有很高的地位，而且影响到西欧，曾备受西方近代启蒙思想家伏尔泰的推崇。请问《世界名人大辞典》为什么会选定孔子作为世界上最有影响的十位思想家之列呢？为什么把他名列前茅？为什么他的思想又受到西方近代启蒙思想家伏尔泰的推崇呢？对方辩友又如何能将孔子与儒家贬得一钱不值呢？"

另外一位同学举例说："新加坡一所中学以孔子命名，每天讲一段《论语》。"

以上学生所言论据都是课本中没有的，是学生自己查找、积累的，可以看出学生的视野大大地拓展了。

辩论可锻炼自己的史论结合能力。

在以"当今社会应大力提倡道家还是儒家"为辩题的课上，有同学说："道家讲无为而治，有利于改革开放的深入进行。如有利于打破行政对企业管得过多、统得过死的局面，避免瞎指挥，在自由竞争中会促使商品经济、市场经济顺利发展。"

这一论述无论是否"过硬"，其史论结合的新、奇、巧都是毋庸置疑的，颇具创造性。因为我们通常都认为"道家"精神对我们这个商品经济极度繁荣的社会没有什么积极意义。

通过辩论可使学生思维更具条理性、层次性、标准性、哲学性。

请看在以"当今中国应大力弘扬中国传统文化（正方），还是大力吸收西方文化（反方）"为辩题的课上，反方一辩发言："我认为当今中国应大力吸收西方文化。从政治上讲，中国高度集中的政治体制可以吸收一些西方文化中的民主。从经济上看，中国传统文化是建立在小农经济基础上，不适合今日中国发展市场经济的需要。从文化精神上讲，西方文化中的科学、民主、人文等精神正是中国亟待吸收的，很多迷信活动又兴盛起来正说明了这一点；当今中国需大胆开拓进取，是与儒家的守旧习惯格格不入的。从近代史上看，中国社会的每一次大发展无不是西学东渐的结果。"

辩论中会出现许多闪烁着智慧光芒的精彩对话。

如：

"刚才你说丑陋的中国人，难道你不是中国人吗？"（正）

"我是一个堂堂正正的中国人，但我不必也不需要因此而否认中国人身上的缺点，而只有敢于正视自身缺点的民族，才能走向健康强盛。"（反）

除了在课堂上辩论，同学们还可以上网讨论和辩论。比较好的网站有"凯迪"，其中"猫眼看人"里有很多思想高手。一般不要去什么"乌有之乡"、"铁血论坛"之类，那里面大部分言论偏激，缺乏逻辑思维能力。

5. 给别人做老师法

前面一个调查表显示，学生给别人做老师，教别人的记住率是95%！没有比这个更高的效率了。

我在2010年高三的教学中就大胆尝试了这种方法。我让学生互相做老师，一开始学生不知道该讲些什么，基本由我给他们出问题。一部分学生先备几分钟课，然后讲给另一部分人。讲完后，换一个问题，师生换位。结果调动了学生的积极性，效果也很明显。

给别人做老师为什么效率那么高呢？因为你要给别人讲清楚，自己就要先整合材料，理清思路，先识记，先理解，尤其是你想给别人讲明白的时候，让别人很快听明白的时候，你对自己掌握情况的要求就会不自觉地大大提高。你的主动性、积极性也会大大提高。这个过程类似于教师备课。

而且有的时候，对别人的责任心要大于对自己的责任心。所以，同学们要养成"好为人师"的习惯。

6. 归纳、概括、总结学习法

学生学习历史，除了获取知识之外，更重要的意义在于提升历史思维能力，培养人文素质。历史思维能力包括分析、综合、概括、归纳等能力。只有具备分析、综合、概括、归纳等能力的学生在学习中才会有所发现，有所创新，才能获得更多历史的启示，汲取更多历史的智慧，才能形成科学、系统的知识体系，并对历史本质和规律有所认识。

以下我从八个方面，将归纳、概括和总结学习法加以说明。

(1)就某一历史事件进行多角度小结。

例如，在学习"中日甲午战争"时，可从起因、导火线、开始标志、主要战役、结果、性质、中国失败原因、影响等方面进行多角度小结。

(2)对历史背景、原因、教训、意义等进行多角度归纳。

例如，对八国联军侵华，中国战败的原因分析，可从政治、经济、文化、军事、外交等方面进行多角度归纳。再如，分析辛亥革命的意义，可从政体/民主意识/民族经济发展、世界进步潮流、近代化等方面进行多角度归纳。

(3)对某一历史问题进行纵向概括。

例如，从秦到清，我们对我国古代中枢权力体系变化情况进行纵向概括，我们就会发现专制皇权不断加强的总趋势。再如，从春秋到明清，我们对儒家在各时期的发展状况进行纵向概括，在概括时只要注意选择好思考问题的角度（儒家的地位变化及原因，每一阶段的新特点及原因等），我们就会发现许多有价值的新问题。《历史必修课1(岳麓版)》第9课中有一目"代议制下的民主化趋势"，从1832年到1969年纵向地将几次议会改革情况展现给学生，学生看了几遍仍然一头雾水。此时我们如果从财产、性别、年龄三方面限制的变化规律去总结、概括，很快就会理解民主化趋势不断加强的含义了。其他如历代农业人口、农业政策、农具、水利建设等问题，历代绘画、文学等都可进行纵向概括。不过要注意选择问题的大小、角度，注意问题的价值含量。

(4)对某一历史问题进行横向概括。

17、18世纪，世界上发生了哪些资产阶级革命？(英、法、美)资产阶级革命中出现过哪些重要文献？(《权利法案》、《人权宣言》、《独立宣言》等)古希腊和古罗马产生过哪些带有民主性质的权力机构？诸如此类的总结，都是横向概括。

唐朝在政治、经济、文化、军事、外交方面各有什么特点？请任意选择两个方面，说明它们特点成因的内在联系。诸如此类的总结，也是横向概括。

（5）按时空归纳。

《历史必修2（岳麓版）》第一课"精耕细作农业生产体系的形成"内容庞杂，如果不按照一定的时空进行归纳整理，我们肯定会一头雾水。如果能按几个时段归纳，问题就清晰很多。

春秋以前：石器时代——石斧、石铲、木耒、石耒、骨耜、木耜、石耜、石刀、石镰；粟、水稻；刀耕火种；桔槔、辘轳；大禹治水等。

春秋战国：铁器时代——铁器、牛耕；芍陂、都江堰、郑国渠；自耕农出现等。

秦汉三国：铁器时代——犁壁、耦犁、牛耕推广；耧车；代田法；翻车；漕渠、白渠、王景治理黄河、坎儿井等。

隋唐：铁器时代——曲辕犁；筒车等。

经过以上归纳，就便于记忆、理解这一课的知识了。而且可能从中发现一些规律性、认识性的问题（如进入铁器时代对生产关系、上层建筑的影响等）。

（6）按类归纳。

如将《历史必修2（岳麓版）》第一课"精耕细作农业生产体系的形成"的内容再按类归纳，认识则更为清晰、深刻。

农具：木耒、石耒、骨耜、木耜、石耜、石刀、石镰；铁镰、铁锄、三齿耙、锸；直辕犁、犁壁、耦犁（直辕）、曲辕犁（可得出的认识是农具的改进对社会经济等各方面的巨大影响）。

灌溉工具：桔槔、辘轳；翻车；筒车等。

播种工具：耧车。

水利工程：大禹治水；芍陂、都江堰、郑国渠；漕渠、白渠、王景治理黄河、坎儿井等（可得出的认识历代重视水利、水利的重要等）。

如此归纳之后，我们就更加心里有底了，遇到问题就容易回答得快速和精准。

（7）按因果关系等事物内部联系归纳。

例如，对井田制瓦解的过程问题可以按因果关系归纳。铁器、牛耕的出现——私田的大量开垦——公田被抛荒——贵族采用新的剥削方式——新兴地主势力增强——政府财政收入减少——政府实行改革——进一步确立了土地私有制——井田制彻底瓦解。

（8）对课本知识归纳、概括时，要注意时常需打破原有章节、子目的限制，按照一定的合理的逻辑顺序对课本知识重新整合。

例如，《历史必修课1(岳麓版)》第15课"太平天国运动"只有两个子目：一是"金田起义"；二是"天国兴衰"。倘若师生不将此课知识有序地重新整合，机械地按照原有的子目和顺序学习，则会产生学过之后仍然线索不明、要点不清、理解不准的后果。如将此课作类似这样的有序整合，情况则会好得多。原因(内、外)——领导人——组织——时空——建号——进军路线——定都——主要军事活动——纲领(《天朝田亩制度》、《资政新篇》，已明显不同课文原有顺序)——死敌——转折点——后期领导核心——性质——失败原因——意义。

再如，《历史必修课1(岳麓版)》第六单元第24课讲了巩固新生政权的三大措施——抗美援朝、镇压反革命、"三反""五反"运动。其实至少还有非常重要的一大措施——土地改革。而此项内容在第五单元第22课，因而，在概括巩固新生政权的重大措施时就需要把它拿过来。

总之，对课本知识归纳梳理时，学生可勇敢地打破原有章节、子目的局限，对课本知识进行带有一定创造性的重新整合工作。

综合、归纳、概括能力的提高，有助于我们逻辑地、有序地、要点分明地、全面地思考问题，使我们终身受益。

7. 左图右史法

现在很多学习历史的同学都忽视地图，这是不对的。虽然直接考地图的题目已经不多，但利用地图来学习，效果还是非常好的。因为它可以培养你的历史空间感，有助于你发现很多隐性知识，以及对一些历史问题的准确记忆和理解。所以中国古代学习历史，一直有"左图右史"的说法。

图6-1所示为西汉疆域图，首先可以使得我们直观了解西汉的疆域囊括了哪些地方。有彩图就更加一目了然。我们看到西汉领土包括了西南的云贵等还有部分越南、朝鲜地区，西北包括了新疆，这些马上伸我们联想到汉武帝征战三边和张骞出使西域等大事。我们也可以看到西域有乌孙，西藏有羌族，东北有鲜卑等族。匈奴的位置，丝绸之路的方位、线路和距离感一目了然。行政区域有郡有国，让我们马上意识到是郡国并行制。

图 6-1　西汉疆域图

以上一些显性和隐性知识的获得是通过地图得来，补充了教材的一些空白，使获得的知识更清晰、准确，容易记忆和理解。

有这样一道选择题，说某个朝代的地方区划像斑马条纹。假如你看过这幅西汉区域图，就会很快联想到说的就是西汉的郡国并行制。

8. 历史比较学习法非常有效

养成比较历史的习惯非常重要。

常言说得好："不比不知道，一比吓一跳!"许多历史问题，只有通过比较，才能看得清楚、看得准确、看得深入；只有通过比较历史，才能拓宽我们的眼界与心灵，使我们看到山外山、天外天。只有通过东西方比较，才能使我们真正发现西方的民主、富庶、精确宏深的思想艺术；才能使我们真正理解东方的帝威、小农和琴棋书画的那份悠闲、淡雅、隐逸妙趣，那份写意的高绝幽玄、出相离相。不把儒家和道家比较，你无法真正感受儒家的拘谨和道家的洒脱。不将孙中山与袁世凯、段祺瑞、蒋介石比较，不将华盛顿与克伦威尔等人比较，你很难感悟孙中山与华盛顿的伟大。

　　比较是把两种或两种以上事物放在一起，辨别异同，认识本质，揭示规律的思维方法。波兰著名史学家托波尔斯基认为："一、研究历史要寻求历史的规律性，不应用比较法难以独立地找出多少带有普遍性的历史规律性；二、在阐述历史时，要说明某一过程的进化，不把它与其他过程进行比较，也是不能解决问题的；三、要写出一部综合性的著作，不进行比较研究，是难以成书的；四、在我们进行所谓'结构解释'时，必须把该事物的内涵物与一个更为普遍的过程加以比较。"比较历史有利于学生全面地认识、深刻地理解历史现象，有利于学生发现和认识历史发展规律，有利于学生掌握科学的思维方法，学会学习。

　　下面让我们熟悉以下比较历史的方法。

　　（1）同类可比

　　德意志和意大利的统一基本属于一类性质的问题；都是为资本主义进一步发展扫除障碍的活动。

　　中国戊戌变法和日本明治维新都属于资产阶级改革。

　　中、俄社会主义革命与建设都属于社会主义建设的尝试。

　　秦的中央集权制和雅典的民主制都是古代典型的政治体制。

　　《权利法案》和《人权宣言》等都是资产阶级革命时期的反封建独裁统治的光辉文献。

　　老子、庄子、孔子、孟子都是先秦思想家。

　　故宫、凡尔赛宫都是著名的宫廷建筑。

　　翻车、筒车都是灌溉工具。

　　将这些同类性质的事物从多个角度对比其异同等，你会有相当大的收获。

　　（2）同时空可比

　　日本明治维新的时候，中国正在开展洋务运动。二者时间有重合的地方，都是东亚国家，可以从统治者的胆识、具体内容、性质到效果等方面比较一下。通过比较可以发现许多值得深思的东西，可以得出很多有价值的启示。

　　（3）异时空可比

　　历史比较大都是同时间、同类的。但是有一道高考题让比较的是启蒙运动和新文化运动。不但空间上一东一西，时间上也相差了几百年。

　　注意引发比较的切入点：

　　从同背景而异结果中思考。例如，在向阶级社会过渡这样一个共同背景下，为何古希腊、罗马都保留并发展了元老院、长老议事会、人民大会这样一类民主机构，而中国在此过程中，从未见其踪影。再如，同样在封建社会，大约在中国南宋时，为何在英国竟然出现了限制王权的想法，出现了《大宪章》，出现了贵族、骑士、市民为维护《大宪章》联合起来与国王英勇斗争的事迹，出现了早期议会。而我国无论南宋时，还是此前此后的漫长岁月都没有出现过类似情况。

从异背景而同结果中思考。例如，日本与俄、德、意文化背景迥然不同，但为何都在19世纪中期为本国资本主义发展开辟了道路？

从同行动而异结果中思考。例如，德国和意大利都在19世纪中后期通过王朝战争完成了统一，但为何一个发展快，另一个发展很慢？

从同状态而异效果中思考。中国分裂状态时大多民不聊生、极端黑暗，基本上弊大于利，而古希腊各邦长期独立自治，从未高度统一过，为何创造了辉煌文明，利大于弊呢？

从同阶级而异行动中思考。例如，中国清朝前期康熙帝等与彼得一世、腓特烈二世、路易十四、特蕾西亚女皇都属地主阶级，所处时代也大致相同，但为何没有外国这些帝王重商主义、有利于资本主义发展的改革呢？为何没有一个像彼得一世那样乔装成随从，亲自到西欧工场里干活、学习、考察的皇帝呢？再如，英国的封建贵族想出限制王权的办法，并为此与国王展开了英勇斗争，最终取得实效。而中国的封建贵族为何不但几乎没有产生过此类想法，反而做了不少强化皇权的事？

比较历史应注意这样一些问题：切忌盲目地为比较而比较，应注意比较问题的价值含量。我们首先要选择那些更有利于提高历史思维能力，给人启发、引人深思的问题进行比较。例如，将南宋时期的远洋与明代郑和下西洋进行比较也是有价值的，但没有将明代郑和下西洋与开辟新航路的远洋相比价值含量高。将袁世凯与段祺瑞进行比较是有价值的，但没有将袁世凯与孙中山比较价值含量高。

《历史必修课1（岳麓版）》第4课课后"知识链接"里，将汉至清各时期官员上朝礼仪进行了比较。通过这样的比较会引发许多思考：为什么随着时代的发展，世界政治文明的进步，中国古代官员上朝礼仪却显得越来越野蛮落后？为什么人活得越来越没有尊严而又不觉悟……通过这样的比较还会引发我们有价值的情感体验：明清时期的官员每次给皇帝或上级下跪时，是不是都感受到一次人格和尊严上的侮辱？每个人，无论贵贱贫富，是不是都应尊重别人的感受，以平等博爱的心态对待他人……像这样的比较可以引发开放性的有很高价值的思考和情感体验，可以给学生带来许多宝贵的启示，应将其放在首要位置。

下面我用图表方式列举几个对比实例。

例一：斯大林模式与赫鲁晓夫式改革模式的区别(经济)，见表6-2。

表6-2

对比项目	斯大林模式	改革开放模式(赫式、邓式等)
商业	实行抑商政策，商业萧条，人民生活所需很多必备商品严重匮乏	鼓励商业发展，商品极大丰富，人民物质生活水平大大提高
农业经营	单一的集体所有制、农庄、人民公社	个体与大规模联营等多种形式并存
农民生产和经营的权利	没有生产和经营的自主权	有独立的生产和经营自主权
农民的土地权	没有土地所有权和使用权	没有土地所有权，有土地的使用权
分配状况	基本是大锅饭，平均主义，只有轻微差别	多劳多得，不劳不得原则
工厂经营	单一的国有制及公有制模式	多种经济成分并存，有公有、私有、个体、外资等多种形式
工厂的生产和经营的权利	基本没有，主要完成上级下达的指标	工厂获得了生产和经营的自主权
工厂与市场的关系	生产与市场基本脱节，生产什么，生产多少由国家下指标	开始和市场发生紧密联系。市场需求和产品质量直接影响到企业的效益，甚至生存

通过以上这个表格里一些项目的对比，就会使很多繁杂的问题一目了然，理解得非常清晰、准确、深刻，不用担心会很快忘记。

例二：中国古代(秦汉时期)与古希腊、古罗马政治体制对比，见表6-3。

表6-3

	中国(秦汉时期)	古希腊(民主时期)	古罗马(共和国时期)
整体总称	专制	民主	贵族民主
法律与权力	权力大于法律	法律至上	法律至上
上下级关系	下级绝对服从上级	服从和平等关系	服从和平等关系

续表

	中国（秦汉时期）	古希腊（民主时期）	古罗马（共和国时期）
权力机构	三公九卿	公民大会 民众法庭 五百人议事会	元老院 公民大会 保民官
地方组织	郡县制，地方完全听命于中央	地方自治	地方自治
权力分配及特点	皇权至上、集权	人民主权、分权	贵族主权、分权
官员产生和更换方式	任命（含部分世袭）、终身	选举、任期	选举、任期
决策特点	独断、随意、暗箱操作	集体讨论决策、理性、公开	集体讨论决策、理性、公开

中西政体在古代就存在巨大差异。通过在权力分配、官员产生方式、决策特点、上下级关系等方面的对比，使我们认识理解得更为准确、清晰和深入。

例三：李贽的思想与传统理学观念对比，见表6-4。

表6-4

问题	理学	李贽思想
万物本原	天理	阴阳二气
真理标准	孔孟之道	孔孟之道非真理标准
关于人欲	灭人欲	人欲是自然合理的
关于个性	强调服从纲常、集体，弱化、约束个性	强调尊重每个人的个性特点，使得个性自由、解放
关于男女地位	夫为妻纲，男尊女卑	男女平等

不少同学反映李贽的思想难背诵。假如，我们把李贽的思想和理学思想对比一下，就很容易把两者全部记住了。因为一对比，就会发现二者的主张基本都相反。

另外，战时共产主义和新经济政策对比也是一样，内容都是基本相反。记住一方，另外一方也就记住了。

9. 宏观与微观结合法

刘宗绪教授在接受《中学历史教学参考》杂志记者采访的时候建议，学历史应注意宏观与微观的结合。他说："多年来历史课都是一章一节地讲授，很少进行横向与纵向综合分析。结果积累了不少具体的知识，包括历史事件、人物、朝代等，这当然是必要的，但是缺乏宏观分析就有些不足了。学历史应该站得高、看得远、看得宽，从发展的角度、比较的角度去思考，才能使认识加深。这也是认识客观规律的基本途径之一。1993 年高考有一道问答题，要求学生简述工业革命的后果，并据此指出 19 世纪 70 年代以前在政治领域内世界上存在的三股进步的历史潮流。1998 年高考有一道问答题，要求学生从美国独立战争和拉丁美洲独立战争的背景和进程说明，是什么原因速成了英属北美 13 个殖民地成了一个统一的美利坚合众国，而西班牙属拉美殖民地却建立起一系列独立国家。这类题目就是把微观内容与宏观分析结合在一起的。"

刘宗绪教授讲得很有道理。从历史长河看，千年的历史恐怕也就是弹指一挥间。我们应该宏观地看历史走向，从而得出一些重大的启示。这对我们自身的思想能力的提高，甚至对推动人类进步都有着巨大的意义。

民主是"二战"后谁也无法阻挡的历史潮流。而今，世界上百分之九十以上的国家实现了民主，连一向愚昧顽固的地区也开始剧变。相信人类在不久的将来会取得反独裁统治的完胜，让世界上每一个角落都照耀着自由的阳光。

再如，从宏观上看，母系氏族社会存在的时间远远长于父权社会。这就说明后来短暂的歧视妇女的三纲五常之类的做法至少不一定是自古有之的天理。现在，妇女和男性基本获得了同等的权利。这是人类的进步，也说明在当今社会，任何性别歧视都是应该被唾弃的。

不过，我不太同意刘教授认为历史微观教学做得还可以的观点。我认为目前的历史教学在细节上也是非常苍白的。这是非常遗憾的，是目前很多学生不愿意学习历史的一个主要原因。因为历史的无穷魅力必须依靠细节来展现。

目前的教科书仍然缺乏生动真实，及其丰富的历史细节。袁腾飞老师的课深受学生喜爱，其奥秘有二：一是他独到深刻的见解；二就是他掌握了丰富的历史细节，可以随心所欲地描绘给学生。

微观可以微到一句话，一个动作，一个眼神等。只有细节的东西才更生动、真实，令人印象深刻，给人更真切的启发，焕发出永恒的魅力。

例如，你讲"文化大革命"如何摧毁人的尊严的时候，往往费尽口舌学生可能依然没有感觉。假如你放几张照片或几段视频,有了细节后效果马上不同了。如图 6-2 所示。

再看图 6-3。

我想,图 6-3 这一张真实的老照片,一定会使你震惊,会把你以往想象的一些僵化的东西顷刻击碎。你甚至不敢相信自己的眼睛而要多看几遍。然而历史的细节还是那样真实地定格在那里!

你于是狐疑起来,百姓竟然在围观侵略者进京,竟然不是"打日本我捐一条命"那样壮烈

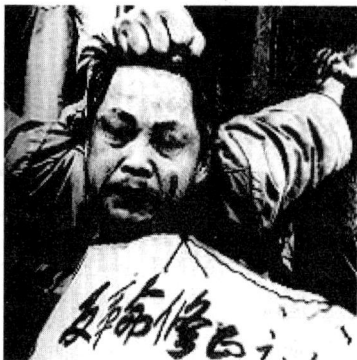

图 6-2

的流血牺牲、为国捐躯的场面。百姓距离侵略者很近,居然不惧怕不躲避,这是为什么呢?这些百姓到底是麻木,还是清醒?难道他们不爱国,或者是不爱大清吗?此时此刻,他们是一种什么心理?这种心理正常吗?他们奉行的是一种什么样的人生哲学?或者退回来想,也许问题的答案本来就很简单,很多疑问本身就显得有问题和多余。我不由得想起一句名言:国不知有民,则民不知有国。

图 6-3

如此珍贵的真实的细节，可能会顷刻粉碎多少"鸿篇巨制"。这一瞬间的细节，其威力不亚于一场九级地震。

在《希腊精神》一书中，作者伊迪丝·汉密尔顿介绍了色诺芬对有关苏格拉底的细节描述。关于一次苏格拉底参加的晚宴，写到苏格拉底说他宁可长现在这样扁平的鼻子，也不要高鼻梁，或是一个新婚的男人拒绝吃洋葱的时候，席间就会爆发出一阵阵笑声。酒席间也会有音乐，苏格拉底会唱一支歌给参加晚宴的客人助兴。一位少年也参加了宴会。当大家逗他的时候，他害羞得说不出话。当人们得知这位少年刚得了一项体育比赛的冠军的时候，都向他祝贺。当人们问到他最为引以骄傲的是什么，他不说是冠军，而是边朝父亲身边挤边说是他的父亲。

主人准备了一些娱乐节目招待宾客。一位姑娘一边跳舞一边把十二个圆环抛撒得上下翻飞。于是苏格拉底感叹：在很多事情上女人的天分一点都不比男人差。他还说，如果这些人里面有人愿意教一些东西给妻子，那他会感到很高兴。马上有一个人反问苏格拉底为什么不教自己的妻子一点好脾气。苏格拉底回答说，我一生最盼望的是能够和所有人和谐相处，之所以选择詹喜碧，那是因为假如我能够锻炼得和詹喜碧和睦相处，那就可以和一切人和睦相处了。众人对他的回答感觉满意。

苏格拉底还说到自己每天早晨跳舞减肥。于是大家吵着让他来一段。正说着，那个跳舞的姑娘翻起筋斗，越过用剑组成的圆环。苏格拉底赞美她表演出色，但批评这样太危险了。于是姑娘放弃那个节目，和另一个小伙子表演名叫《酒神营救被遗忘的阿里阿德捏》的哑剧。他们演技高超，仅仅通过手势和舞蹈就向观众清晰地表达了故事情节和人物感情。到此，宴会尽欢而散。苏格拉底与那位少年及他的父亲一道回家。

一位抽象的哲学家经过小说一般的细致刻画，立刻具象生动地活起来了。苏格拉底的幽默机智，直率坦荡，以及童心与朝气等仿佛在我们面前映现。它再也不是一个干瘪的名词或符号。从这个晚宴的一系列细节中，我们还可以获得许多有价值的信息。

这就是无法取代的历史细节的无穷魅力。司马迁的《史记》，还有柏杨的《中国人史纲》，还有现在的《明朝那些事》《历史是个什么玩意》等都是以细节取胜。

10. 联系现实生活学习法

学习历史，一定要联系现实生活，只有联系了现实生活，才可以把历史理解得透彻。

比如，关于"无为而治"的评价，可以结合新中国成立后前 30 年三天两头搞运动的折腾和后 30 年不太折腾的现实情况来分析。也可以联想到班级管理的现状，因为这些属于学生亲历，所以一下子心里就真正明白了。

老子说"不敢为天下先"。其言对后世产生了深远影响。生活中，国人做不敢为先的例子比比皆是。例如开会的时候，没人敢发言。再如电视上曾报道这样一件事：广州一公共汽车上发现小偷，小偷偷了东西下车逃跑，结果下车追小偷的是三个白人和一个黑人，一车的国人都无动于衷。类似的情况随处可见。

关于儒家思想"重人伦，轻自然"的特点对国人的影响也是非常深远。可以从现实生活中看到，部分国人把大部分精力都用在人际关系上了，美其名曰"首要的事是做好为人处世"。现在专心搞科研的人非常少。20 世纪 80 年代，中国兴起了一阵科学热，很多学生的理想是要当科学家。不过五分钟的热度很快就过去了，忙着跑关系又成为部分国人的拿手好戏，真是不忘老本行啊。

关于古代雅典的决策程序和特点，完全可以和今天的状况相联系。就和你所在的村，所在的班级相比较，你会发现有很多相同点，也有一些不同处。你的感受、你的思考极其富有真实感。你会发出许多感叹：历史和现实看似遥远，又联系紧密。

七、
关注热点问题

要注意关注热点问题，并习惯古今贯通。

有哪些热点问题呢？

1. 环境

环境问题依然是世界性大难题。亚马孙等森林的被砍伐；工业和生活污染；物种不断灭绝；原油泄漏；全球气候变暖；南北极冰川融化都开始困惑着人类。

电影《后天》、《2012》等都是警示世人的优秀灾难片。

2. 体制

政治体制也一直是当代的一大热点问题。美国与苏联的长期对峙，一个主要原因是体制差别。

1989 年东欧剧变；2011 年中东民主风暴都与体制密切相关。总体上看，世界越来越民主了。普世价值为全球绝大多数国家和人民认可，接受。

无论政治、经济，还是文化体制都需要不断地调整和改革，以适应公民的需求和发展的需要。

3. 腐败

腐败是一个令人头痛的问题。它包括贪污受贿、以权谋私、营私舞弊、任人唯亲、独揽权力、权力寻租等。

好在人类基本上已经找到了防止腐败的良方——那就是不断加强民主法治建设。

行政程序公开科学，反对党和公民对政府的监督日益严密，媒体监督的无孔不入等都使得腐败没有太多的机会。

当然，也有少数国家腐败已经无法控制。

4. 人权

今天，人权问题已经成为全世界高度关注的问题。这是人类取得的巨大进步。"二战"后，联合国通过了《世界人权宣言》。其中，宣布不分种族、地位和地域，人人享有生存、工作、休息、言论、结社、集会、迁徙、财产保护、享受福利等各种权利。

任何一个国家，任何一个团体如果做出践踏人权的事情，都会受到整个世界的谴责，甚至还会受到联合国的干涉。

每年，很多国家都会发布人权状况报告。

5. 民生

民生问题成为各方关注的重大问题，也是人类的进步。

西方国家率先实行的福利制度，就是对民生问题的重视。

今天，世界上还有很多贫困人口。单是我国就有绝对贫困人口近四千万。民生问题仍然是需要世界各国共同努力解决的问题。

目前，公民的幸福指数越发受到重视。

6. 食品安全

疯牛病、口蹄疫、非典、禽流感、三聚氰胺、假疫苗、苏丹红、毒大米、毒面粉、毒豆腐、农药含量超标的蔬菜、地沟油、有毒的金浩茶油、塑化剂等威胁着人类的生命安全，令人谈虎色变。

看网上流传的《从毒食品到再教育》（顺口溜）

中国人在食品中完成了化学扫盲：

从大米里我们认识了石蜡；

从火腿里我们认识了敌敌畏；

从咸鸭蛋、辣椒酱里我们认识了苏丹红；

从火锅里我们认识了福尔马林；

从银耳、蜜枣中认识了硫磺；

从木耳中认识了硫酸铜。

今天，三鹿奶粉又让同胞知道了三聚氰胺。

外国人喝牛奶结实了，中国人喝牛奶结石了。

日本人口号："一天一杯牛奶振兴一个民族"，而中国人口号则是："一天一杯牛奶震惊一个民族。"

7. 恐怖活动

"二战"后，世界上大规模的战争基本没有了。但是恐怖组织的恐怖活动还是比较频繁的。

我们必须明确，恐怖活动是反人类的，应给予严厉打击。塔利班、基地组织等都是恐怖组织。他们制造了"9·11"事件等恐怖袭击活动。

目前，反恐已经成为世界共同关注的棘手问题。许多国家进行联合反恐演习。

8. 教育

当今世界，对教育的关注始终是一个热点问题。"二战"后很多国家高度重视教育，对教育的投资和重视研究程度远远超过以往。

一个国家的成功，必须以教育为基础。中国也提出了科教兴国战略。

很多国家都在探索发展教育的良好模式。目前，已经总结出一些被世界公认的比较好的教育方式和理念，如终身学习，培养创新能力和批判力，学习和社会需求相结合等。

八、
审题和回答历史题目还需要注意的几个问题

1. 审题时一定要重视关键词

一句话中通常有一些关键词。特别注意的是，有一些程度副词基本上就是关键词。

在问原因的试题中，"原因"前的根本、直接、主要等就是关键词。例如，问 1929 年爆发的经济大危机的原因，关键词不同答案是不一样的。问"根本"的时候，答案是资本主义本身固有的基本矛盾；问"主要"的时候，答案是生产和销售的矛盾；问"直接"的时候，答案是股市崩溃。由此可见，看清关键词多么重要。

有一年的一道高考题，问对闭关锁国的理解。有一个选项是禁绝一切对外贸易。结果很多学生选择了这一项。这一选项猛一看没有问题，仔细想，问题出在程度上，"禁绝一切"太绝对了。至少还有广州是对外贸易的。

再看几个例子。

例一：美国波士顿美术馆馆藏数以万计的中国陶瓷，包括晋代越窑、宋代五大名窑、元明清时期官窑和民窑的陶瓷精品。由此可推断(　　)。

A. 从晋代起，中美就有了陶瓷贸易

B. 上述藏品都是从中国掠夺来的

C. 收藏者青睐中国的传统文化艺术

D. 中国陶瓷成为该馆的镇馆之宝

在判断 B 选项是否正确的时候，就要抓住关键词"都是"。这是一个全称判断，太绝对了。简单推理一下也可以知道，不可能全部是抢来的，一部分抢来是可能的。

例二：孔子主张社会和谐，墨子主张兼爱非攻，孟子主张政在得民。这些主张产生的共同背景是(　　)。

A. 社会长期动荡不安

B. 百家争鸣趋于合流

C. 奴隶制度全面崩溃

D. 封建制度逐步建立

请看其中 C 选项。关键是"全面"这个关键词。至少在春秋的时候，不可能全面崩溃，顶多是开始崩溃。

例三：19 世纪中叶以后，中国被卷入资本主义世界体系，从人类文明演进的角度看，这对中国最主要的影响是（   ）。

A. 清政府统治土崩瓦解

B. 自然经济迅速崩溃

C. 近代化进程开始启动

D. 农民起义风起云涌

做这道题如果不抓住关键词"从人类文明演进的角度看"，就根本没法做。如果抓住了这个关键词，那就容易多了。因为人类文明演进，无非是从中世纪到近代这样一个总体发展趋势。

例四：材料三，见表 8-1。

表 8-1　1913～1918 年外国输华棉纺织品总值变化表　（单位：千关两）

年份	棉纱	棉织品
1913	72 537	109 882
1914	67 091	111 168
1915	68 415	80 885
1916	63 977	72 705
1917	66 501	93 449
1918	55 573	95 807

（摘编自汪敬虞《中国近代经济史(1895～1927)》）

根据材料三并结合所学知识，指出 1913～1918 年外国棉纺织品向中国出口的总体变化趋势及原因。（12 分）

这里面"总体"就成为关键词。很多同学没有特别关注这个关键词，就回答一会下降一会上升，一会又下降。而正确答案是：出口额虽有起伏，总体呈下降趋势。

另外，还要注意一些概念的差别（细微），例如，反对天主教会并不等于反对天主教或宗教。注意程度上的差别，如限制中外贸易和禁绝中外贸易。关于火药的发明，有用于军事、广泛用于军事的不同。牛耕、种植棉花等也是这样，注意什么时候开始，什么时候推广。

2. 审题时要抓句子的中心、重心

先看一个例子：

"道之以政，齐之以刑，民免而无耻；道之以德，齐之以礼，有耻且格。"

问：这是哪一家的观点？

假如你不知道这句话是谁说的，古文翻译水平又一般，那就有点麻烦了。这里面又有"道"，又有"刑"，还有"德"和"礼"，这到底是道家、法家、还是儒家？

在你迷惑的时候，你就注意分析一下句子的重心在哪里，可能问题就清晰起来。前半句说如果统治者用政令和刑法来统治百姓，百姓虽不敢犯罪但没有道德羞耻心；后半句说假如用道德教化和礼制来管理百姓，那么百姓既有羞耻心又不会出格犯法。显然，言者是在赞美"有耻且格"的完美情境，重点在后半句，前半句只是作为后半句的对比和铺垫。既然重点在后半句，后半句是言者真正想表达的主张，而后半句的方案是"为政以德"的"德"和"克己复礼"的"礼"，显然，这不就是孔夫子创立的儒家吗？（其实这句话就是孔子说的）

再看一段材料。

"西洋人因为拥护德、赛两先生，闹了多少事，流了多少血；德、赛两先生才渐渐从黑暗中把他们救出，引到光明世界。我们现在认定，只有这两位先生可以救治中国政治上、道德上、学术上、思想上一切的黑暗。若因为拥护这两位先生，一切政府的压迫，社会的攻击笑骂，就是断头流血，都不推辞。"（陈独秀《〈新青年〉罪案之答辩书》）

问：概括陈独秀的核心主张。

这段话的中心不在开头一句，开头一句起到铺垫作用；也不在最后一句，最后一句是表决心的。中心就是中间一句："只有这两位先生可以救治中国政治上、道德上、学术上、思想上一切的黑暗。"概括一下，意思是只有民主和科学才能拯救中国。再换句话说"提倡民主和科学"也可以。

所以，要解决陈独秀的核心主张的问题就必须考虑一下句子的中心在哪里。

再看一段材料：

"孔子提倡仁者爱人，看上去有仁爱的精神；他反对苛政，也有对百姓的怜悯之情。然而，他的等级观念，他的权力崇拜，他的以权力大小和血缘远近为等差的爱，无不与仁爱形成'反作用力'，无不使得他的仁爱成为空头支票，甚至虚伪的忽悠。"（《认识孔子真面目》）

问：概括作者的观点。

这段材料的重心在"然而"之后，发现句子重心后问题基本上就解决了。

3. 提高对时间的敏感度——利用时间信息推导背景

很多试题都需要依靠背景信息来分析判断。这就要求我们对时间要特别地敏感，利用时间为路标，获得你所需要的信息。

看到1856年，你脑海中就应该反应出第一次工业革命在英国完成等信息。

看到1917年，你脑海中就要涌现出如下信息——军阀统治、民族经济快速发展、俄国十月革命、"一战"期间等。

看到1954年，你脑海中就要涌现出如下信息——"二战"后资本主义国家在快速发展、马歇尔计划、国家垄断资本主义、第三次科技革命等。假如是中国的情况，你应该立刻反应出是在"三大改造"时期。

特别注意的是，有的时候需要把世纪和具体时间转换一下。如问20世纪初期的后10年，我国政治、经济发展变化的趋势和特点。看到这个时间，你一下子很难回答。你就写出1910～1920年。此时问题就清晰了很多。最笨的办法你一年一年快速数下去，很多大事就浮现出来了——预备立宪、辛亥革命、清王朝灭亡、中华民国临时约法、中华民国成立、袁世凯篡夺革命果实、北洋军阀统治、中华民国发展经济的措施、北洋军阀发展经济的措施、"一战"中民族经济的春天等。有了这些信息，分析解决问题就有根据了，就不必慌张了。

再看一个例子：

19世纪中期，外国资本主义势力深入长江，讲入中国腹地。1864年他们最远可到达的通商口岸是（　　　）。

　　Λ. 九江　　　　B. 汉口　　　　C. 宜昌　　　　D. 重庆

做这道题目就必须抓住1864年。它告诉我们的信息有：第二次鸦片战争结束，签署了《天津条约》、《北京条约》等。而《天津条约》很明确规定了增开南京、汉口等十多处通商口岸。此刻答案基本上就浮现出来了，应该是汉口。因为九江、宜昌在江西。虽然重庆比汉口远，但它是1895年《马关条约》开放的。

4. 提高语言的准确性

我在讲了有关锦衣卫的一段故事后，曾问学生，锦衣卫起什么作用？在这个过程中我不停地要求他们变换词语,尽量更准确和贴切。

学生回答先后用词如下:

　　　　保镖(不太准确,保镖一般是被动防御,主动出击的少);

　　　　杀手(说出其部分职能);

　　　　间谍(说出其部分职能);

　　　　警察(警察以前就有,大部分是明的);

　　　　密探(部分职能与锦衣卫重合);

　　　　抓反朝廷的人(说出了大部分作用);

　　　　抓敌对势力(说出了大部分作用);

　　　　维护君主专制(说出的是根本目的和作用)。

以上学生的答案不能说完全错误,有些擦了边,有些说出其部分功能,但都不是太准确。

比较准确的答案是——监督和镇压反对派的官员和人民。

对于擦边的一般都不会给满分的,至于扣多少分那真是要看评卷老师的判断和松紧度的要求了。

5. 不要小说、散文式的描述,尽量言简意赅,多使用科学术语

历史书籍可以写得生动有趣,声情并茂。不过在考试回答历史题目的时候,一般不要用过多的形容词来描绘,语言风格不要像小说、散文一样。要尽量采用"诗歌式"的纲领性的文字。

一位同学在回答"概述北洋军阀统治时期民族经济发展状况"时,是这样描述的:"北洋军阀统治时期的旧中国一穷二白,极度黑暗,军阀混战,哀鸿遍野,民不聊生。百姓食不果腹、衣不蔽体,流离失所,家破人亡,每日挣扎在水深火热般痛苦的死亡线上。"这一段描述从散文角度看还说得过去,但从历史学科应试的角度看就不太符合要求了,因为说了半天还没有说到得分点上,所以要避免。

6. 有专业术语的时候尽量使用专业术语和书面语

有现成的专业术语的时候,尽量使用专业术语。

一定要对一些专业术语能够烂熟于心,以便随时调出使用。出镜率比较高的历史专业名词如下。

(1)经济方面

生产力、经济基础、自然经济、生产方式、筒车、曲辕犁、提花机、缂丝技术、庄园、田庄、小农经济、市场经济、海外贸易、工业化、资本、垄断、经济危机、经济全球化、经济区域集团化、贸易逆差、贸易顺差、贸易壁垒、跨国公司、布雷顿森林体系、世界贸易组织、关贸总协定、世界银行、汇率、外汇储备、国民生产总值等。

（2）政治方面

民主、专制、改革、变法、公民大会、民众法庭、五百人议事会、元老院、分封、郡县、世袭、任期、选举、独裁、三公九卿、三省六部、内阁、议会、君主立宪、责任内阁、人民主权、轮番而治、三权分立、分权制衡、弹劾、总统共和、议会共和等。

（3）文化方面

为政以德、仁政、民本、性善论、积极无为、小国寡民、天行有常、礼法并施、百家争鸣、兼爱、尚力、尚贤、独尊儒术、儒释道、三纲五常、大一统天人感应、三教合一、程朱理学、陆王心学、发明本心、致良知、文字狱、学以致用、工商皆本、西学东渐、新文化运动、青花瓷、釉里红、珐琅彩、中学为体西学为用、全盘西化、文艺复兴、启蒙运动、宗教改革、写意、神韵、实业救国、科教兴国等。

7. 练就"抽丝"本领

高中历史教材必修三大本，选修三四本，加起来知识容量已经不少了。就拿儒家来说，我们已经学习了它产生的背景、原因、主要政治主张、教育观点、特点，以及各个时期发展的内容、背景、特点、影响等。应该说，就中学阶段来说学得比较详细了，知识比较丰富了。

但是，具体到回答某一问题的时候，却仅仅需要一缕蚕丝中的一根，其他的可能全部暂时作废！这就需要我们练就"抽丝"本领，要在千头万绪中准确地抽出需要的那一根。

例如，有一道题目问，儒家是如何解决民生问题的？

这个时候，关于儒家在行政、教育、如何处理人际关系等很多方面的知识就暂时作废了。只需要抽出和民生有关的内容即可。不过说起来容易，做起来还是有些难度的，需要你拨开乱麻，找出需要的那几根。

这个时候儒家的言论快速在你脑海过滤，要你在短时间内筛出需要的内容。

最后，留下这么几根：实施仁政、爱惜民力、轻徭薄赋。

几乎就是一句话，而你学过的关于儒家的很多丰富的知识到此都暂时无用。

假如，问道家如何解决民生问题，该如何抽丝？

答案是有的，还比较丰富——无为而治、不要过多干涉百姓、让百姓自然发展、最好小国寡民、回到淳朴的原始状态。

如果再问墨家如何解决民生问题，该如何抽丝？

答案更丰富一些，因为课本上列举的墨子观点不少都和民生有关，像兼爱、非攻、尚力、节用、节葬等。

以上例子可以看出，"抽丝"非常重要。几乎每一套试题都有考察抽丝功夫的。所以，同学们平时要养成从多个角度归纳思考问题的习惯，并注意练习这种功夫。

8. 关于迁移及省时省力又一通百通的东西

学习既要下苦工，又要讲技巧。学得巧，可以省时省力，极大地提高学习效率。

假如你学习了"二战"后德国快速发展的原因，背诵理解得也比较熟，而对日本的情况学得不太扎实，可考试偏偏考了日本"二战"后快速发展的原因，怎么办？请你不要慌张，因为"二战"后日本和德国快速发展的原因有八成以上是相同的，基本照搬过来也可得到不错的分数。像军费投资少，工业基础好，人口素质高，教育办得好，重视科技等基本相同。

同样，"二战"后几乎所有发展迅速的欧美资本主义国家都有很多共同的东西，很多时候就不必一一背诵了，因为可以通用。

再如采用了斯大林模式的所有社会主义国家存在的问题基本大同小异。因为当时大多数社会主义国家基本是克隆斯大林版的社会主义，这样就省事简单了。无论问哪个社会主义国家的情况，都可以参照苏联迁移过来。它们的政治、经济、文化和外交特点，它们曾走过的发展变化历程都惊人地相似。改革前都是高度集中的政治经济文化体制，都是政治极权、经济模式单一、文化高压，后来的改革也基本上都是下放自主权，放开市场等，政治体制改革滞后。戈尔巴乔夫出现后，苏联及东欧剧变，开始彻底改变政治体制。

看一个高考实例：(2008年四川卷第37题)阅读材料，回答下列问题。

材料一：

1814～1835年，英国输往印度的棉布增加了62倍，同期印度输往英国的棉布减少了四分之三。1840年，英国下议院特别委员会询问英国商人麦尔维尔"英国工业是不是已经取代了印度的手工业"时，后者说："是的，在很大程度上。""从什么时候开始？""我想，基本上是从1814年起。""英国工业排挤了印度手工业是不是说印度现在的供应主要是依靠英国厂家的商品？""我认为是这样……我毫不怀疑，他们的重大灾难主要是由于英国工业打乱了印度的工业。"（摘编自汪熙《约翰公司——英国东印度公司》）

材料二：

19世纪50年代英国人开始在印度兴办较大规模的工厂，印度人很快跟进，棉纺织业成为民族工业发展的主要部门。到第一次世界大战前，全印度纺织厂增加到264个，绝大部分属于印资。印度工厂生产的棉布和进口棉布在国内棉布消费总量中的比重，1901～1902年度分别为11.9%、62.7%，1911～1912年度分别为23.3%、54%。但是，这一时期印度工业的发展并没有改变印度作为英国的商品市场和原料产地的性质。（摘编自林承节《殖民主义史（南亚卷）》）

材料三：（略）

材料四：

从遥远的古代直到19世纪最初10年，无论印度过去在政治上变化多么大，它的社会状况却始终没有改变。曾经造就无数训练有素的纺工和织工的手纺车和手织机，是印度社会结构的枢纽……不列颠侵略者打碎了印度的手织机，毁掉了它的手纺车……不列颠的蒸汽机和科学在印度斯坦全境彻底摧毁了农业和手工业的结合……结果，就在亚洲造成了一场前所未闻的最大的、老实说也是唯一的一次社会革命……英国不管干了多少罪行，它造成这个革命毕竟是充当了历史的不自觉的工具。（摘自马克思《不列颠在印度的统治》）

(1)根据材料一，指出19世纪上半期英国棉纺织业"取代"印度棉纺织业的主要原因。(6分)

(2)根据材料二，指出19世纪以后印度民族工业发展的特点。(8分)

(3)根据材料三并结合所学知识，指出1913～1918年外国棉纺织品向中国出口的总体变化趋势及原因。(12分)

(4)如何理解马克思所说的"英国不管干了多少罪行，它造成这个革命毕竟是充当了历史的不自觉的工具"？(6分)

这个题目最大的特点是第(1)、(2)、(4)问都说的是印度，只有第(3)问说的是中国。问题是印度被英国殖民的情况教材里几乎没有提及，怎么办？不要害怕，我们至少详细地学过中国，而中国当时面临的问题与印度大同小异，它们都是被英国等殖民侵略的东方文明古国。这个时候你至少心里可以安稳一些了，因为你此时已经意识到很多东西是完全可以迁移的。于是很多问题就不觉得那么困难了。在讲中国近代经济情况的时候，这些问题基本都是研讨过的。例如，鸦片战争后，中国的传统棉纺织业也是被冲击得厉害，原因自然也是基本相同。

（参考答案：1. 印度棉纺织业仍停留在手工生产阶段；工业革命后，英国棉纺织业采用机器生产，产量剧增，质优价廉。2. 棉纺织业是印度民族工业的主要部门，第一次世界大战前得到迅速发展；印度仍是英国的商品市场和原料产地，民族工业仍然处于从属地位。3. 趋势：出口额虽有起伏，总体呈下降趋势。4. 英国的殖民侵略与扩张给印度等亚洲国家造成了沉重灾难，但客观上打破了这些国家的传统社会结构，将其纳入世界市场；刺激了民族资本主义的发展，引起了社会变革，导致亚洲的觉醒，走上了民族独立的道路。）

9. 强化对历史背景、阶段特征的熟悉

很多试题万变不离其宗的地方，就是直接或间接地考察与材料有关的背景和特征。一个人有一个人的背景，一个时代有一个时代的特征。思考问题的出发点必须从此出发，而许多问题的答案也在背景里。

例如，在讲书法、绘画、散文等的时代特色的时候，魏晋是一个关键点。有这样的一系列问题：(1)为什么魏晋时期书法成为自觉的艺术？(2)王羲之书法特色形成的原因是什么？(3)为什么魏晋时期出现了文人画？(4)顾恺之绘画理论及绘画特点形成的原因有哪些？(5)魏晋散文特色形成的原因？问题虽然很多，其实，答案基本一样。无非是东汉统治的危机，儒学的危机，佛教、道教的兴盛，道家思想的流行，清谈之风的兴起，一群追求自由个性、特立独行的士人群体的形成，他们通过艺术表达对神韵、意境、风骨的追求，战乱分裂等。万变不离其宗。

再如，问宋代书法、绘画、话本、诗词、戏剧等风格特色的成因，答案基本也都大同小异。因为宋代的时代背景是一致的，是一个不变的常量。

假如，你特别熟悉"二战"后资本主义世界的一些背景特征，那么只要涉及这一段时期的问题，你肯定能够回答出一部分，不至于手足无措。很多题目设计得很是新颖，甚至有些古怪，不过你不用慌张，因为一看答案，无非是一些背景情况。

由此可见熟悉某阶段的历史背景特征是多么的重要。

下面看一个实例。

（2011 广州一模第 39 题）每个时代的经济对当时消费文化观念的形成起着

决定性作用，同一时期的政治、文化和社会思想也对消费文化观念的演变和发展产生巨大影响。阅读下面的材料，结合所学知识回答问题。

（符号消费：指消费者除消费产品本身外，还消费这些产品所象征和代表的意义、心情、美感、档次、情调和气氛，即对这些符号所代表的"意义"或"内涵"的消费）

表 8-2 据高海霞《西方消费文化观念变迁研究》。

表 8-2 西方消费文化观念的历史变迁

年代	历史时代	消费实态和消费观念
公元前 9 世纪至公元前 4 世纪	古典时期	消费实态：反对奢侈消费，提倡节制和等级消费，轻日常生活消费，重公共消费；轻物资消费，重精神性娱乐消费。 消费观念：快乐幸福的理性节俭消费观为主流。
5 世纪至 15 世纪	中世纪	消费实态：轻世俗消费，追求来世。 消费观念：非理性节俭为主流。
16 世纪至 19 世纪上半叶	现代前期	消费实态：肯定消费地位，注重生活质量，进行有节制的消费。 消费观念：理性节俭为主流。
19 世纪下半叶至 20 世纪上半叶	现代时期	消费实态：大众消费主义兴起，追求物质享受，注重休闲娱乐，奢侈品进入普通家庭。 消费观念：非理性奢侈为主流。
20 世纪下半叶	后现代时期	消费实态：符号消费时代来临，注重精神消费，追求个性，炫耀品味，信用消费、超前消费盛行。 消费观念：非理性奢侈为主流。

（1）指出"古典时期"西方消费观念的思想来源。（3分）

（2）从"中世纪"到"现代前期"，西方消费观念发生了怎样的变化？简要分析变化的原因。（9分）

（3）简要分析"现代时期"西方消费文化观念形成的原因。（6分）

（4）谈谈你对"后现代时期"西方消费文化观念的认识。（6分）

这道题看上去似乎很难，因为消费问题书上似乎没有明确的内容。一位参加了考试的学生也对我说一看到这个题目就懵了，完全不知道如何下笔，甚至有的同学答成了政治题。但是，如果你熟悉其背景的话，问题就立刻变得简单了。

例如，第(3)问：简要分析"现代时期"西方消费文化观念形成的原因。前面给出了时间——"19 世纪下半叶至 20 世纪上半叶"。这个时候，你就要想这个时期的时代特征，或者更简单点，回忆这个时期发生了哪些大事？于是基本答案已经出来了——第二次工业革命；资产阶级统治在世界的确立等。这个时候再去推理、整理就可以了。

再看第(4)问：谈谈你对"后现代时期"西方消费文化观念的认识。一位同学困惑地对我说，天啊，这个让我从何说起。我说你先别着急，先看它前面给的时间是"20 世纪下半叶"，你转化一下不就是"二战"后到 20 世纪末吗？那你接着回想"二战"后发生了哪些大事。"二战"后的西方无非是第三次科技革命、国家垄断资本主义、福利国家、股票分散化、50～70 年代资本主义的黄金时代等。至此，问题至少已经解决一半了。

附参考答案：

(1)早期人文主义思想。(3 分)

(2)变化：由非理性节俭转变为理性节俭。(3 分)

原因：经济上，资本主义处于上升时期，需要进行资本积累。思想上，文艺复兴、宗教改革、启蒙运动等在冲击禁欲主义的同时，宣传了理性主义思想。(6 分，每点 3 分，其他表述，言之成理，可酌情给分)

(3)第二次工业革命促进了社会生产的发展，消费品日益丰富；第二次工业革命提高了劳动效率，改变了人们的生产和生活方式；第二次工业革命中，大众传媒进一步发展，影响了人们的消费观念；资本主义运行机制的影响；资产阶级统治在世界的确立，资产阶级追求自由、享受的思想对世界的影响等。(6 分，每点 2 分，答出 3 点即可，其他表述，言之成理，可酌情给分)

(4)评分说明：按以下三个层次给分，本问总分 6 分。

第一层次：能认识到"后现代时期"西方消费文化观念的特点。(2 分)

第二层次：能对这种消费文化观念产生的原因进行简单的分析。(2 分)

第三层次：能对这种消费文化观念做出恰当的评价。(2 分)

九、
怎样做图表题

　　图表题在高考试题中的比例越来越大了。但由于尚未引起部分同学的高度重视，致使他们在对付这些题目的时候往往手足无措，失误较多。

　　我把图表题简单分成五类。以便讲解清楚。

1. 人物类

　　包括古今中外各类历史人物，一般以人物画像和人物照片居多。

　　做这类试题，需要同学们通过提取人物的活动、动作、表情、服饰等细节捕捉所需要的信息，再通过这些信息进行分析判断。

图 9-1

　　例一：看图 9-1，以下哪一观点出自这位名人之口？（　　　）。

　　A. 天与人不相胜

　　B. 越名教而任自然

　　C. 心外无物。如吾心发一念孝亲，即孝亲便是物

　　D. 天地之气化流行不已，生生不息

　　做这道选择题，首先要从人物的服饰上判断他是哪个朝代的人物。从帽子上看，应是宋明时期。既然是宋明思想家，其中理学家的可能性就比较大。而"心外无物"不就是陆王心学的观点吗？于是答案就已经出来了。

　　例二：如右边图 9-2 所示，毛泽东与蒋介石的合影照片，最有可能拍摄于（　　　）。

　　A. 1924 年，广州

　　B. 1927 年，上海

　　C. 1936 年，西安

　　D. 1945 年，重庆

图 9-2

毛泽东和蒋介石大部分时间是敌对关系。能在一起合影最可能是国共合作时期，至少不是内战时期。1927年和1936年正是国共关系紧张敌对时期，再加上1927年的时候，中共最高领导人不是毛泽东。所以先把这两个排除。剩下1924年和1945年了。1924年国民党一大召开，国共合作，两人合影有一定的可能性。不过那个时候两人都不是关键人物，所以可能性较小。况且那个时候两人都很年轻。而从照片上看他们已经人到中年。所以，1945年，重庆的可能性最大。

2. 文物类

文物类图表题内容非常丰富。包括人类遗留下来的一切文化遗产。

例一：从图9-3可以得出有关春秋战国时期的正确信息是（   ）。

春秋时期的铁锸　　春秋穿有鼻环的牛尊　　战国铁口犁

图9-3

①已经使用铁农具　②牛耕逐步推广　③农具种类增加　④冶铁业发展

A. ①④　　　　　B. ②③④　　　　　C. ①②③　　　　　D. ①②③④

通过铁锸和铁口犁不难得出已经使用铁农具。从穿牛鼻的牛可以推导出牛耕逐步推广，因为穿牛鼻是人对牛控制的飞跃性的一步。

例二：宣传画形象而又浓缩地表现着不同时代的内容和特征，下面是新中国不同历史时期的宣传画（如图9-4所示），按照时代的先后顺序排列正确的一组是（   ）。

①　　　　　　②　　　　　　③　　　　　　④

图9-4

A. ①②③④　　　B. ③②④①　　　C. ②④③①　　　D. ④②①③

看这种历史宣传画,可从文字、绘画风格、人物形象等方面去提取信息,然后进行分析判断。如从文字上看,"中国网通",告诉我们已经有网络了。"以钢为纲,全面跃进",很明显告诉我们是"大跃进"时期。"计划生育",是改革开放后不久就实施的方针。从"革委会"几个字一看就知道是"文化大革命"时期。但有一个小麻烦。就是网络和计划生育都是改革开放后,谁先谁后呢?别着急,看"中国网通"的左边还有一个2008年奥运会的标志。由此可以判断,这一幅肯定是在最后。从绘画风格上也可以做出判断:第2幅和第4幅的绘画风格明显打上了阶级斗争时代的烙印。

3. 标记类

标记类图表题包括组织图标、商标、纪念币等。做题时也是要通过文字、图像等显示的各种信息进行提取和分析。

例一:从民国初期民族火柴业的一组商标中你能得到信息有(如图9-5所示)(   )。

图 9-5

①辛亥革命推动了民国初期中国民族资本主义发展   ②中华民国政府推行独立自主的外交政策   ③中国摆脱了外来经济控制   ④实业救国成为当时的社会进步潮流

A. ①④   B. ②④   C. ②③   D. ①③

这道题目从商标上的文字信息就可以很快判断出应该得到的信息。"中华民国利兴公司"表明辛亥革命后建立的国民政府推动了中国民族资本主义发展。中间一幅火柴公司的商标上写着"救国"二字,这不正好是实业救国的反映吗?至于外交和外来经济方面,商标上没有其有关的信息。根据"论从史出"的原则,不选。

例二：下面是亚太经合组织图标的是（　　　）。

　A　　　　　　　　B　　　　　　　　C　　　　　　　　D

做这道题主要抓住第三个图标上的字母，那是合作方式的标志。据此就可推断出正是亚太经合组织。

4. 地图类

地图类的题目就是给出一幅地图，然后让你根据所掌握的基础知识和地图上的已知信息分析判断问题。这种题目可增强学生的空间感。

例一：有学者认为战国时期存在着秦文化、齐鲁文化和楚文化等多种风格的文化。其中楚文化有它独特的价值。如图9-6所示的战国草图，请确定楚文化的中心大致在哪个位置？（　　　）。

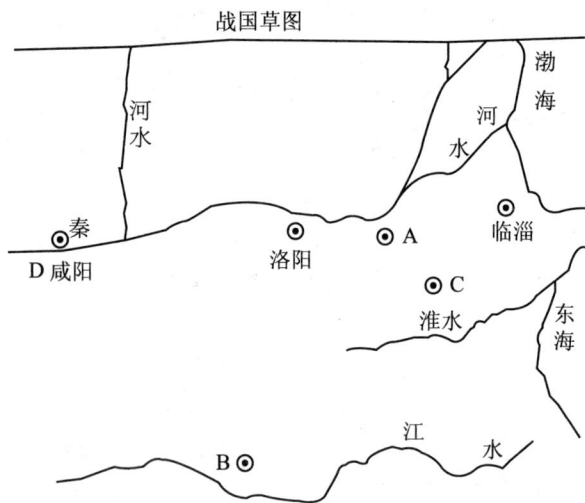

图9-6

这个题目难度不大，可以根据很多地图上的信息点判断出来。我们知道楚文化主要在今天的湖南、湖北一带，在长江流域，南方。往南部看只有B点在长江(江水)流域。而A点和C点在黄河与淮河之间洛阳和临淄之间,也就是中原地区。D点在咸阳,自然属于秦文化。于是答案就出来了,选B。

例二:图9-7是东汉时期,佛教传入中国的路线图示意图。其中,哪一条路线是正确的?(　　)。

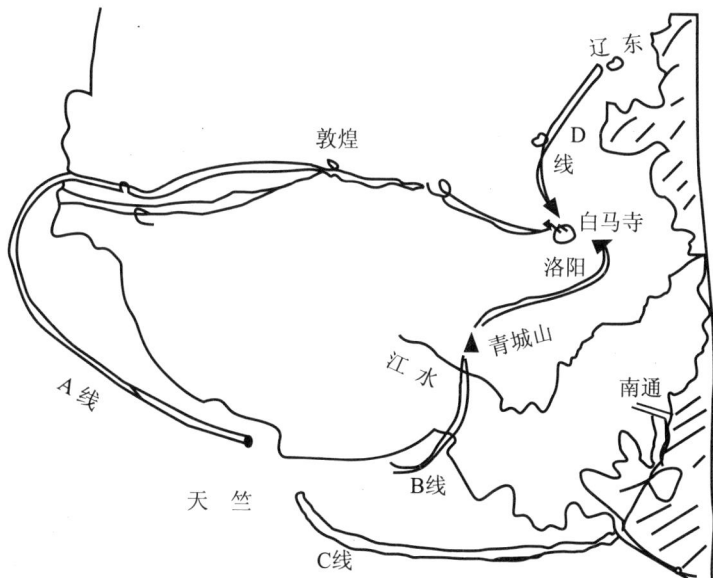

图 9-7

做这道题目,首先要知道佛教是从印度(古代叫天竺)传入中国的。这样先把D线排除。B线和C线虽然看上去距离比较近,但并不是当时中印交往的路线。这两条路线道路不通。所以正确答案是与丝绸之路有所重合的A线。

5. 表格类

表格类图表题在近几年的高考中时常出现。同学们应该高度重视。

例一:表9-1是清朝康熙王朝的一份国库储备统计,从中能够得到的准确信息是(　　)。

A. 国家安定繁荣,库存盈余增加

B. 商业贸易兴盛,贸易总额增加

C. 国家内忧外患,军费不断增加

D. 对外贸易发达,关税收入增加

表 9-1

康熙十年(公元 1671 年)	2 488 492(两白银)
康熙十一年	18 096 850
康熙十二年	21 358 006
康熙二十六年	28 964 499
康熙三十年	31 849 719
康熙三十三年	41 007 790

　　这道题目难度不大。题目告知的是看"国库储备统计",数字的增长先从百万到千万,又从一千多万到四千多万,一路攀升,自然得出"库存盈余增加"。不过,如果想得太复杂了,那些干扰项目也有一定的"副作用"。假如我们能够坚持"论从史出"的原则,就会明确"国库储备统计"和其他事宜没有直接关系。另外,如果我们了解康熙时期中国闭关锁国、重农抑商、没有严重的外来侵略的话,也不会去选后面三项。

　　例二:从表 9-2 的统计中,我们可以看出(　　　　)。

表 9-2

1956 年国民收入(%)	1956 年工业总产值(%)
国有经济 32.2,合作社经济 53.4	社会主义工业 67.5
公私合营经济 7.3	公私合营工业 32.5
个体经济 7.4	资本主义工业 0

　　A. 多种经济成分并存,以合作社经济为主体

　　B. 多种经济在分并存,已经完全实现了社会主义工业化

　　C. 中国社会经济结构(成分)发生了根本改变,私有制经济已基本上不存在

　　D. 由四种经济成分并存,发展为两种经济并存,个体经济仍占一定比重

　　做这道题目,国民收入和工业总产值这两个情况都要看,主要看工业总产值。从国民收入看,个体只占百分之七点多,其他都是国营或公私合营;从工业总产值的比例看,纯私有经济是零。这已经充分说明以往以私有制经济为主体的情况,现在已经不存在了,变成了公有制经济完全占据优势地位的局面。另外,还可以从 1956 年完成"三大改造"的实事等印证。

6. 坐标类

　　坐标类图表题近年在高考中也多次出现。其主要特点是通过坐标曲线来直

观、准确地描述事物的变化。

例一：影响图 9-8 曲线变化的因素有（　　　）。

①第一次世界大战　②战时共产主义政策　③新经济政策　④斯大林经济体制

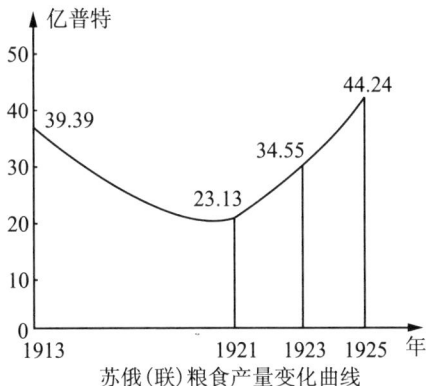

图 9-8

A. ①②③④　　　B. ①②③　　　C. ①②④　　　D. ②③④

分析这道题目，关键是要抓住时间。横轴显示的时间从 1913 年开始。看到这个时间，应该马上联想到 1914 年爆发了"一战"，粮食产量开始下降了。"战时共产主义政策"是 1918 年开始实施的，到 1921 年结束。这一政策对农民的生产积极性是一个很大的破坏，后来遭到农民的强烈反对，所以曲线还在往下走，应该与它也有关系。从 1921 年后，粮食产量开始明显上升，那是因为从 1921 年开始实行了新经济政策。不能选斯大林经济体制，因为横轴表达的结束时间是 1925 年，而斯大林经济体制形成于 1925 年以后，所以与斯大林经济体制无关。况且斯大林经济体制对农民的生产积极性是有打击的。答案是 B。

例二．图 9-9 为历届联大讨论恢复中国在联合国合法权利时支持中国票数增长示意图。对此理解错误的是（　　　）。

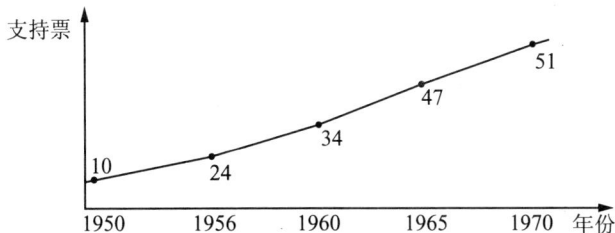

图 9-9

A. 中国恢复在联合国的席位是大势所趋

B. 第三世界力量崛起

C. 西方国家消除对华的敌视政策

D. 中国国际地位提高

　　这道题主要是分析中国在联合国获得合法席位支持票数不断增长的原因。从曲线看，基本是一路走高。看时间是从1950～1970年间。这个时期"冷战"并未结束，两种意识形态的矛盾也没有消除，即使到今天西方国家也没有完全消除对华的敌视政策，所以选C。

十、
怎样做选择题

1. 寻找客观的那一个

有的选择题的选项中，有主观的描述，也有客观的陈述。在你难以抉择的时候，最好以客观的描述为判断的重点。

例：隋朝创立了科举制度，以下对科举制度评述不正确的是（　　）。

A. 是统治者用来拉拢知识分子，愚昧知识分子，巩固统治的一种手段

B. 是促使唐诗繁荣的一个重要原因

C. 考试内容一直是四书五经

D. 在一定程度上体现了公平竞争的原则

这道题目的选项中，有比较主观的评价，甚至是有争议的。如第一个选项，在短时间内做出判断的确很难，但是好在第三个选项是客观的，不存在主观上的争议和分歧，那就要好好考虑这一项了。科举考试曾考过诗歌，晚清时候也考过理科的内容，所以"考试内容一直是四书五经"这个说法与史实不符，所以是错的。

在第一项和第三项之间犹豫的时候，重点去判断客观的第三项，命中率就会大大提高，也会节省时间。

2. 只要确定一个，另外一个对不对不要理会

例：魏晋时期儒学危机出现的原因不包括（　　）。

A. 儒学的迷信化使其威信大大降低

B. 东汉末年，政治黑暗，统治者对知识分子的迫害严重，导致儒学的价值观被怀疑

C. 理学扼杀人性的一面逐渐被认识

D. 佛教、道教和道家思想兴盛

这是我校一次月考中的一道题目。一位同学在测验后对我说，实在不知道第二项对不对，第四项只知道佛教、道教兴盛，而又不知道道家思想是否也兴盛，于是犹豫了好久。我对他说这是单选，你肯定知道魏晋时候理学还没有出现吧，他说知道。我说那你为什么还要浪费时间？直接选第三项就行了，其他的对不对，考完试再研究。

3. 多选快速剔除法

现在历史选择题都是单选题。但有的单选题实际上是变相多选题。

例：从美国1787年宪法的内容及其实践结果中，我们可以体会出（   ）。

①孟德斯鸠"三权分立"学说的进步性

②当时以华盛顿为代表的一批美国政治家们高超的政治智慧

③宪法虽然存在局限性，但它适应了美国实际，历史的进步性是主要的

④宪法首次证明了联邦制是普遍适合所有国家的进步的政治体制

A. ①②③④   B. ①②③   C. ②③④   D. ①②④

做这个题目，④是比较明显错误的，假如可以认定这一点。就可以快速完成选择。因为 A、C、D 三项都有④。答案很快已经出来了。

这个题目告诉我们，凡做这一类题目，尽量去找一个肯定错的，或肯定对的，判断速率就会大大提高。

4. 时间、因果关系等顺序法（找头和找尾）

例：美国决策的大致程序是（   ）。

①总统否决

②国会提出议案

③国会讨论

④国会表决

A. ③①④②   B. ②①③④   C. ②③④①   D. ①③②④

做这道题要学会找头和找尾。美国是一个集体领导的国家，所以，国会表决应该放到最后。这个时候，A 项和 C 项就可以不看了，只剩下 B 项和 D 项。然后再看头。D 项里面的开头是①总统否决，显然错误，还没有东西，你否决什么。于是答案出来了，是 B 项。

5. 排除法

排除法是常用的一种选择题答题技巧，下面列举三种情况。

第一种：排除错误选项。

这是做选择题的基本原则和方法，选择项错误，当然应排除掉（逆向选择题除外）。

例：2005 年高考文综试卷Ⅰ第 34 题。

34. 关于民族区域自治权的正确表述是（　　）。

　　A. 民族区域自治权由民族自治地方的人民政府、人民法院和人民检察院行使

　　B. 民族区域自治权由民族自治地方的人民代表大会和人民政府行使

　　C. 民族区域自治权只有少数民族才能享有

　　D. 民族区域自治权的实质是少数民族的自由权

分析：A、C、D 三项表述错误，应依次排除掉，故很容易选出 B 项。

第二种：排除表述虽正确，但与题干无关的选项。

有些选项虽正确，但与题干无关，也应排除。比如题干问"张三长得怎么样"，选项回答"李四很漂亮"，尽管李四确实漂亮，但张冠李戴，答非所问，也应排除掉。

例：2005 年高考文综试题（天津卷）第 32 题。

32. 随着科学技术的突飞猛进，社会生产力快速发展，各国经济、政治、文化交往日益频繁，竞争日趋激烈，国际关系纷繁复杂。面对新的形势，中国共产党必须提高（　　）。

　　A. 驾驭社会主义市场经济的能力

　　B. 构建社会主义和谐社会的能力

　　C. 建设社会主义民主政治的能力

　　D. 应对国际局势和处理国际事务的能力

分析：尽管 A、B、C、D 四个选项表述都正确，但 A、B、C 三项答非所问，与题干无关。题干讲国际形势，而 A、B、C 三项讲的是国内事务，故应排除掉，答案应为 D 项（正确，有关）。

第三种：排除与题干有关也正确，但不是题干要求回答的选项。

如：题干问"张三今年多大了？"（问张三年龄）选项答"张三体重 180kg"（答张三体重）。与题干有关吗？也有关（是关于张三的事情），正确吗？也正确（张

三确实体重 180kg），但纯属答非所问，不是题干所直接表明的，也应排除掉。

例：20 世纪 80 年代以来，我国农村民主建设取得了显著进展，各地相继建立了村民选举制度、村民议事制度、村务公开制度等一系列村民自治制度。为进一步加强和完善村民自治制度，全国人大常委会先后数次修订和完善村民委员会组织法。这表明（　　）。

A. 农村基层民主建设在逐步完善

B. 村民自治包括民主选举、民主决策、民主管理和民主监督等内容

C. 村民自治制度建设是我国基层政权建设的组成部分

D. 村民自治制度建设有利于农村经济的发展

分析：村委会不是政府部门，村民自治不属于基层政权建设，C 项表述错误，应首先排除掉。A、B、D 三项表述都正确也都与题干有关，但 B 项讲村民自治的内容，D 项讲村民自治的作用，都不是题干所指（题干讲的是村民自治制度的完善），也应排除掉。故答案为 A 项（正确、有关而且是题干所直接表明的）。

6. 不必全知道，也可以做对题目

没有一个人敢说自己的知识很完备，所以，有些知识漏点也属于正常现象。有的时候在不熟悉有关全部知识的情况下，也可以做对题目。

例：加强对官吏的检察是实现吏治清明的重要措施。历史上，下列机构或官职具有监察职权的是（　　）。

①御史大夫　②通判　③御史台　④军机处

A. ①②③　　　　B. ①②④　　　　C. ①③④　　　　D. ②③④

同学们看这道题目。在四个答案中都是四选三，换句话说只有一个是错的。那么只要找出一个肯定是错的，那么其他三项中有一两个不清楚也没有关系。比方说，我们不知道御史台到底有没有监察职权，但我们可以肯定军机处不是一个监察部门，它是协助皇帝处理政要的部门。这个时候答案已经出来了，那就是 A。至于御史台到底是干什么的，假如不知道就可以先不要理会了。考完试有工夫再去查吧。

7. 对间接设问的题目，往往需要二次推理

间接设问，就是题干由材料组成，要考查的知识点隐藏在材料中，需要考生准确理解材料并归纳出要考查的知识点，然后才能解题，而且往往需要二次

推理。

例：（2004 年高考历史试题—广东卷）杜鲁门提出"对日本的占领不能重蹈德国的覆辙"，这一主张付诸实行后（　　　）。

A. 所有对日作战国家的军队共同占领了日本

B. 战争结束后所有外国军队撤出了日本

C. 美苏两国联合控制了日本

D. 美国以"盟军"名义占领了日本

看到美国总统杜鲁门，就应该知道其背景是"二战"结束时期。"二战"后苏美二分天下，争夺势力范围。杜鲁门提出"对日本的占领不能重蹈德国的覆辙"。既然是"不能重蹈德国的覆辙"，那第一步就要分析对德国占领的情况。马上你就可以回忆出来对德国是四国分区占领。再从杜鲁门是"冷战"的倡导者可以推断，他忌恨的主要是苏联控制占领了德国的一部分。现在再回到日本，问题就很明显了，不能像德国一样，日本也被苏联占去一部分。于是答案已经出来了——D。美国以"盟军"名义占领了日本。自己独占，不让苏联染指。

在这一分析的过程中，牵涉两个国家，以及"二战"后的背景情况，需要二次推理才可以完成。

十一、
学生答题常见错误及纠正

1. 按照过去固定的经验，不注意审题，不能灵活应对

例：张之洞在《劝学篇》说："中学为内学，西学为外学；中学治身心，西学应世事，不必尽索之于经文，而必无悖于经文。"下列观点突破了张之洞主张的是（　　）。

A．"师夷长技以制夷"

B．"中学为体，西学为用"

C．"忠信为甲胄，礼仪为干橹"

D．"一切要其大成，在变官制"

这是中山市的一次高考模拟测试中的一道题目。原本我以为学生做这个题目问题不大，结果没想到好几个学生来找我，说为什么不选"中学为体，西学为用"？我正要发火，突然想起不久前的一次大型考试也考了这个材料（是材料分析题），不过是让概括这段材料在中西学关系上的主张。原来学生的脑海里还保留着对这段材料的印象。我说前一次，虽然也是这个材料，但问的是这段材料包含了怎样的观点，现在是问谁突破了他的观点，完全不是一回事了。你们要审题准确，灵活应对，不能犯僵化的经验主义错误，被惯性思维束缚。

还有的学生不能"论从史出"，把学过的课本上的知识简单生硬地套用。

2. 生搬硬套课本知识，不能坚持论从史出

先看一个材料题：

"不愤不启，不悱不发"，语出："不愤不启，不悱不发，举一隅，不以三隅反，则不复也。"（《论语·述而》）

问：这段材料反映了孔子怎样的教学理念？

结果学生都答因材施教，或有教无类，或当仁不让于师等。没有一个回答正确。这就是典型的把学过的知识生搬硬套。不能根据史料得出相应的结论。当我又翻译了一遍后问他们，回答的意思能和材料对上吗？他们才发现根本不靠谱。

这段材料说的是启发教学的问题。

当给出的材料恰好和你学过的知识吻合配套，你可以直接拿来用。例如，出一个孔子三个学生问仁，孔子给出三个答案的这样一个材料，就和学过的因材施教吻合了，就可以直接用。假如所给出的材料和你掌握的所有知识都不配套，那你就要自己去得出新的结论了。而后一种情况在现在的高考中比较常见，目的是考察你独立思考问题的能力。

再看一道选择题：

(2008年全国卷)1787年费城会议制定的《美利坚合众国宪法》规定：合众国不得授予贵族爵位。这反映出美国宪法的主要原则是(　　　)。

A. 民主主义　　　B. 平等主义　　　C. 自由主义　　　D. 共和主义

有些同学一看这个题目就慌了，因为老师和教材都没有讲过平等主义，心想还是按照课本上有的选吧，而结果答案恰恰就是课本上没有提及的平等主义。因为贵族爵位是根据血缘关系等人为划定地位高低的，是不平等的等级观念的产物，而不搞这一套不就是在体现平等主义的原则吗？

关于北洋军阀，过去课本上一直是全盘否定的，基本上没有什么好话。而有一年高考出了一则有关"北洋军阀代表没有在巴黎和约上签字"的史料。同学们在回答对这一史实的看法时，本应按照"论从史出"的原则表扬北洋军阀政府的，但结果绝大多数学生还是按照课本和老师讲授的习惯又谴责了北洋军阀一通。

3. 答题出界(时间、空间)

同学们看过很多破案的影视剧，我们会从中发现警察在分析案情，寻找罪犯的时候，首先分析的就是嫌疑人有没有作案的时间、空间，然后才分析有没有作案的动机。假如能证明嫌疑人不在案发时间和现场，基本就可以排除对嫌疑人的怀疑，无论其作案动机是否很大。

同学们看过很多网球、乒乓球等比赛吧。假如球打出界了，即使力量再大，弧线再优美也是不得分的。

我们答历史题目也是这样，一定要答在题目要求的时间、空间内，如果出界了，那是一分没有的。所以，同学们在审题的时候，一定要养成先看清时空范围的习惯，否则会徒劳无功。

例：

材料一：（略。大致讲五四运动后《共产党宣言》在中国传播的情况。）

材料二：共产主义的特征并不是要废除一般的所有制，而是要废除资产阶级所有制。但是，现代的资产阶级私有制是建立在阶级对立面上、建立在一些人对另一些人的剥削上面的产品生产和占有的最后而又最完备的表现。从这个意义上说，共产党人可以把自己的理论概括为一句话：消灭私有制……把资本变为共有的、属于社会全体成员的财产……这时所改变的只是财产的社会性质，它将失掉它的阶级性质。（《共产党宣言》）

问：材料二中所设想的共产主义的主要特征是什么？结合所学知识分析这一理论诞生的时代背景？

学生第一问回答的还可以，第二问就有不少同学回答出界。当然这和开头一段关于五四运动后《共产党宣言》在中国传播的背景铺垫的"误导"有点关系，但毕竟它问的是马克思主义诞生的背景，它只能和德国、欧洲等关系比较大。其实，可把问题迁移一下，无非是老师经常讲的马克思主义诞生的条件等。下面看学生回答出界的真实情况：

甲：新中国刚成立时的过渡时期，党和人民正在寻找发展路线。

乙："五四"运动导致人民思想观念发生改变，斯大林体制的宣传，中国共产党的成立。

丙：沙皇的残酷统治，资产阶级剥削，无产阶级深受压迫，俄国十月革命，马克思主义诞生。

丁：处于内外交困：内部有国民党党政，剥削依旧严重，城乡差别巨大，官僚主义盛行、腐败之风盛行，人民生活困苦；外部第一次世界大战结束，加大对中国的资本输入，使中国民族企业大量倒闭，外来文化的传播，俄国十月革命成功。

以上四种回答时间、地点全部出界，所以都是零分。

正确的思考过程是，先确定问的是共产主义理论诞生的背景，也就是马克思主义诞生的时代背景。既然是马克思主义诞生的背景，自然和欧洲关系密切。因为马克思、恩格斯都是德国人，主要在欧洲活动。接着确定时间——1848年。然后转化一下——19世纪中期。然后考虑经济、政治、思想、阶级等因素。背景基本上就出来了：工业革命；资本主义社会矛盾的日益暴露；三大思想来源；三大工人运动已经标志着工人阶级作为独立的政治力量登上历史舞台。

4. 不按问题顺序答题

在做主观题时，回答问题一定要按照顺序来答，切莫颠倒。

例："革命是历史的火车头。衣冠楚楚的绅士和淑女与衣衫褴褛的下层民众同挤一列火车，还得处处给人让路。保守人士惊呼，铁路会带来某种"平等化的危险"。民主人士拍手称赞："我看到这列火车真高兴，我想封建制度是永远一去不返了。"（岳麓版高中新课程《历史》必修Ⅱ）

问：保守人士和民主人士对待火车的态度一样吗？为什么？

某学生回答：保守人士担心火车会导致贵族与贫民平等，传统等级制度受到冲击；民主人士认为火车可以加快封建制度的灭亡。所以，他们对火车的态度不同，一个反对；一个欢迎。

同学们看一下，上面这位同学的回答应该说是很不错的，但顺序刚好反了。先答第二问，后答第一问。这样很危险。

5. 戴帽子

回答一些简单的问题最好直截了当，言简意赅。但有的同学喜欢在前面加一些背景语。

例：

材料一：1991年12月上旬，欧共体12国在马斯特里赫特市举行的首脑会议上通过了《马斯特里赫特条约》，决定12国范围内实现经济货币联盟和政治联盟，即建立"欧洲联盟"。

材料二：1992年，（美国、加拿大、墨西哥）三国政府首脑签署了北美自由贸易协定，从而形成了拥有3.6亿人口，年生产总值约6万亿美元的自由贸易区。

材料三：1991年，中国、中国台北和中国香港地区加入亚太经济合作组织，标志着这个地区的经济合作将进一步加强。

请回答：

上述材料反映了世界经济发展的哪一趋势？（2分）这一趋势形成的原因是什么？（5分）

某生回答：20世纪末到21世纪初，随着东欧剧变苏联解体，世界经济形势进一步发生变化。全球化和区域集团化加强。

其实，这个题目直接回答"经济区域集团化"就可以了。多戴个帽子，反而有可能失分。

十二、
做材料分析题的基本步骤、方法

做材料分析题可以按照以下七步来进行。

第一步：看问题；

第二步：看出处；

第三步：看内容（带着问题看），理解其含义（表层和深层）；

第四步：确定时空；

第五步：压缩概括；

第六步：转换语言；

第七步：书写。

例一：阅读下列材料。

材料一：当今郡县，倍多于古，或地无百里，数县并置；或户不满千，二郡分领；具僚以众，资费日多；吏卒又倍，租调岁减；清干良才，百分无二……所谓民少官多，十羊九牧。（《隋书·杨尚希传》）

材料二：臣伏见，景德、祥福中，文武官总计九千七百八十五员，今内外官属总一万七千三百余员，其未授差遣京官，使臣及守候人不在数内，较之先朝，才四十余年，已愈一倍多矣。……以至隋唐虽设官浸多，然未有如本朝繁冗甚也。今天下州郡按百二十，县一千二百五十，而一州一县所任之职，素有定额，大率用吏不过五六。今乃三倍其多，而又三岁一开贡举，每放近千人，复有台寺之小吏，府监之杂工，萌序之官，进纳之辈，总而计之，不止于三倍。（《包拯奏报》）

材料三：据有关资料记载：我国西汉时期，全国人口 5959 万人，官员 7500 人，官民之比为 1：7945；而唐高宗时，全国人口 5238 万人，官员 13465 万人，官民之比已增加一倍，为 1：3927；元成宗时，全国人口与西汉相差无几，5881 万人，官员已增至 2.25 万人，官民之比为 1：2613；清康熙时（注：指康熙初年）全国人口 2459 万人，官员 2.7 万人，官民之比已高达 1：911。（《江淮论坛》1982 年第 2 期）

请回答：

(1)根据以上材料，概括其所反映的社会历史现象。(不得照抄原文)(3分)

(2)扼要指出产生上述历史现象的根本原因。(2分)

(3)分析上述历史现象的危害及其历史教训。(6分)

第一步：先看问题。这道材料问答题的第一个问题是"概括材料所反映的社会历史现象"。

第二步：看出处。如材料一的出处是《隋书·杨尚希传》，参考出处，知道大致说的是隋朝的情况。材料二的出处是《包拯奏报》，从中可以得知大致说的是宋朝的情况，因为包拯大家都比较熟悉，他是宋朝人。

第三步：就是带着问题去看内容，理解材料所要表达的含义。看完材料，不难看出，三则材料虽然时代不同，但说的主要是一个问题，那就是机构臃肿，官员数量庞大。

第四步：确定时空。这个时候要明确一下时空。时间：隋唐至清朝；空间：中国。

第五步：压缩、归纳、概括。三则材料所介绍的情况很多。这就需要我们有高度的归纳和概括能力。三则材料反映的共同问题主要只有一个问题。但为了以防万一，我们还可以细分。另外还有一个问题是，它给了三则材料，还隐含着一个历史发展趋势问题，就是最好还要答出问题越来越严重。

第六步：转换语言。三则材料用不同的语言来表达一个问题。而我们又不得照抄原文。这就需要我们用自己的语言表达出来。将别人的语言转化成自己的语言。如"当今郡县，倍多于古，或地无百里，数县并置"转化成我们的语言就是"机构重叠"等。再如"以至隋唐虽设官浸多，然未有如本朝繁冗甚也"。转换成我们的语言就是"机构膨胀，官员众多"。

第七步：书写。这个时候，心里已经有底了。就可以书写了。

参考标准答案：反映的社会历史现象是：行政机构臃肿、重叠，官员众多，官民比例失调，财政和人民负担重。从隋唐到明清，这种现象不但没有解决，反而愈演愈烈。

后两问比较简单，在此略。

例二：阅读下列材料。

材料一：1880年刘铭传奏请修建铁路，刘锡鸿等众多官员纷纷反对，理由是修建铁路"不可行者八，无利者八，有害者九"。如每造铁路"山川之神不安，即旱涝之灾易召"；火车飞行，"路稍不平，则或激轮而全车皆碎"；仿西洋造火车，借英、法等国金钱，无由归还，"诸强邻遂相凌逼，几至亡国。"清政府认为"铁路断不宜开"的观点不无道理，遂搁置修路倡议。

材料二：19世纪末，列强竞相在中国投资修建铁路，如中东铁路、胶济铁路、广九铁路。同时，列强激烈争夺庐汉、粤汉、津镇等铁路的修筑权。

材料三：一些闭塞地区的经济因铁路而活跃，一些古老的城镇因铁路而面目一新……铁路在畅通经济、带动繁荣的同时还意味着信息的流通、知识的传播，意味着建立"铁路交通日常急需的各种生产过程"，所有这一切，无疑都有助于打破中国传统社会"自给自足的惰性"，推动现代化进程。

材料四：新中国成立后，人民政府对旧铁路进行改造，重新修建了许多新铁路，形成了全新的铁路网运格局。如社会主义建设时期新建的宝成铁路、鹰厦铁路、兰新铁路、成昆铁路、湘黔铁路；改革开放以来修筑的大秦铁路、青藏铁路等。

请回答：

(1)根据材料一和材料二，归纳影响近代中国铁路业缓慢发展的原因。(6分)

(2)结合材料三，谈谈新式交通的出现对中国社会生活的影响。(6分)

(3)根据上述材料，比较新旧中国铁路发展史上的变化，并谈谈从中你得到了什么启示？(4分)

这道试题出处不明显，就可以带着问题直接在材料里寻求答案。前两个问题是明显考察你的归纳能力的。答案基本全部在材料里。

先看第一个问题"归纳影响近代中国铁路业缓慢发展的原因"。

这个时候时空已经明确——"近代中国"。然后，我们从材料里面寻找就可以了。现在归纳并转换语言如下：

"山川之神不安，即旱涝之灾易召"——引发自然灾害；

"路稍不平，则或激轮而全车皆碎"——车祸；

"仿西洋造火车，借英、法等国金钱，无由归还"——造成巨额债务；

"诸强邻遂相凌逼，几至亡国"——可能导致外国势力入侵，亡国；

列强激烈争夺庐汉、粤汉、津镇等铁路的修筑权——列强在中国争夺筑路权。

这个时候已经胸有成竹，可以书写了。

参考答案：顽固派因担心修筑铁路会引发自然灾害、车祸、债务，甚至亡国而极力反对。清政府愚昧无知，僵化保守。另外，西方列强在中国抢夺修筑权。

后两问答案略。

十三、
做材料分析题所需要的能力

　　材料解析题是目前高考最主要的题型。不但主观题几乎全部是材料解析题，客观题中几乎百分之七十以上也都是材料型选择题。特别要注意材料的多样性，一句名言，一首诗歌，一段民谣，一个牌匾，一件瓷器，一种服装，某时期的口号，军队的名称番号，史书中的一段记载，历史学家的一段评论等都可组编成材料题。

　　更关键的是如今的高考已经变成以考察学生的能力为主要目标了。面对浩如烟海的材料，很多师生茫然无措。因为明显感觉把教材反复深挖、背熟，到处寻找试题训练也是成效甚微。其实问题就在于很多师生还是没有把主要精力放在提升能力上。假如，你具备了超强的打鱼能力，那么，无论换到哪个湖泊打鱼都容易成功。假如你企图在打鱼前猜到在哪个湖泊比赛，或者试图把所有的湖泊都了解清楚，既不可能，也没有必要。你应该集中精力修炼的，就是提升能力。

　　由此可见培养自己的材料解析能力多么重要。而要提高自己的材料解析能力，就必须把材料解析能力再细化，否则培养材料解析能力就会流于空泛，无的放矢。材料解析能力包括以下几种能力。

1. 材料的阅读能力

　　阅读材料又包括两个能力：一是突破语言障碍能力；二是明晰材料含义的能力。语言障碍主要来自两个方面：一是文言文；二是外文。

　　文言文的障碍是无法回避的障碍，因为直到新文化运动后，中国才开始出现白话文，此前几千年历史遗留下来的浩如烟海的史料基本都是文言文写成。文言文障碍的突破主要依靠语文老师，不过历史老师也可适当给学生培训一下，可以寻找一些简单实用的方法和规律。

　　文言文中常用的一些关键词语的含义要归纳出来弄清楚。如与经济有关的：

粜：卖粮食；

课：税款；

课役：征收赋税，差派劳役；

贷：借出钱财；

缗：用于成串的铜钱，每串一千文[string]钱；

缗钱：为货币和计税单位——1缗为1贯，1贯为1000钱，一算为120钱；

输：运输，或捐献；

盐铁官营：盐业和冶铁业由政府垄断经营；

工商食官：工商业官营或国营；

荒政：古代在遇到荒年时所采取的救济措施；

发赈：指按照赈票所列数目将赈米或赈银发放到灾民手中。这道程序关系到救灾的最终效果，故最为关键；

减粜：谓荒年时，米价上涨，国家将常平仓粮米减价出售；

出贷：出借；

蠲赋(juān fù)：免除赋役；

缓征：暂停征收、缓期征集；

通商：互易商货。

注意古人有些词语用意和今人习惯的不同。例如："大抵徽商……其所积蓄十一在内，十九在外。"其中的十一不是我们现在说的自然数意义上的十一，而是十分之一的含义。十九也不是我们现在说的自然数意义上的十九，而是十分之九的意思。

古人在运用排比句时，往往意义相近或重复，看时注意省时、省力。例如："夫形重者则心烦，事众者则身劳；心烦者则刑罚纵横而无所立，身劳者则百端回邪而无所就。是以君子之为治也，块然若无事，寂然若无声，官府若无吏，亭落若无民，闾里不讼于巷，老幼不愁于庭，近者无所议，远者无所听，邮无夜行之卒，乡无夜召之征，犬不夜吠，鸡不夜鸣，耆老甘味于堂，丁男耕耘于野，在朝者忠于君，在家者孝于亲；于是赏善罚恶而润色之，兴辟雍庠序而教诲之，然后贤愚异议，廉鄙异科，长幼异节，上下有差，强弱相扶，大小相怀，尊卑相承，雁行相随，不言而信，不怒而威，岂待坚甲利兵、深牢刻令、朝夕切切而后行哉？"(陆贾《新语·至德篇》)

这段材料是陆贾一篇文章中的一段，表达了三层意思：其一，主要是提倡用积极无为的黄老思想来治理国家，"在朝者忠于君……"之前基本都是；其二，从"在朝者忠于君"后又体现了忠君、尊卑等部分儒家思想;其三,最后一句鲜明地反对法家的暴政,包括穷兵黩武、法律严苛等。

材料中有很多意思相近的重复句,如"块然若无事,寂然若无声"、"近者无所议,远者无所听"等,后一句基本上是前一句的重复,所以不必浪费太多时间停留在那里琢磨翻译,只要理解个大意就可以了。

外文也是绕不过去的障碍。人类文化中关于科学、民主和人文主义等的光辉成就大部分是以外文的信息符号记载下来的,其中蕴藏着无尽的文化宝藏。好在中学阶段学生们接触到的大都是已经被翻译成中文的"外文"。原始外文偶尔也会出现,不过出现概率不高,而且一般都比较简单。下面,我重点谈的是已经翻译成中文的"外文"。

外国人说话的习惯往往和我们不同,也许因为他们习惯讲求逻辑严密,所以给我们的感觉是句子往往很"长"且"绕"。例如:

"这些法律所产生的效果如同所有那些列入了立法者过分要求的法律所产生的效果一样,即人们有了逃避这一法律的办法。因此必须制定许多别的法律来进一步肯定这条法律,修正这条法律,并使之不要过于严厉。"(孟德斯鸠《论法的精神》)

对类似这样"长"且"绕"的句子要善于快速简化,删除"形容词",留下主谓宾即可。这段话的意思可简化为"因为法律严苛迫使人们想出许多办法逃避法律,于是政府又制定出一些维护和修正以前法律的法律"。经过这样一番简化,意思就比较清晰了。

再看一例:

"如果同一个人或是由重要人物、贵族或平民组成的同一个机关行使这三种权力,即制定法律权、执行公共决议权和裁判私人犯罪或争讼权,则一切便都完了"。(孟德斯鸠《论法的精神》)

看这个句子首先要把"重要人物、贵族或平民组成的"去掉,然后我们发现"即制定法律权、执行公共决议权和裁判私人犯罪或争讼权(立法、行政、司法)"其实是三种权力的重复,也可暂时去掉。那么这个时候,句子精简为"如果同一个人或是同一个机关行使这三种权力,则一切便都完了。"这个时候,你就可以快速、轻松地明白这句话的意思了。就是说如果立法、行政、司法三权被一个人或一个部门独揽,那就彻底糟糕了。

另外,还要注意每个人的话语用词习惯和教科书中的语言多少都是有些差异的。需要理解和转换。例如:

今天希腊的生存，受到数以千计共产党党徒领导的武装人员的恐怖活动威胁。他们在很多地点，特别是沿着希腊国境，反抗政府的命令……希腊如果要成为一个独立自尊的民主国家，必须要有支援。而美国必须给予这种支援。……我相信，美国的政策必须是支持自由国家人民抵抗少数武装分子，或外来压力的征服企图。

——1947年杜鲁门致美国国会的咨文

杜鲁门所说的自由国家在课本上是没有这个词汇的。其实，就是我们常说的资本主义国家。杜鲁门说的武装分子和恐怖活动，其实就是我们说的共产党和共产党领导下的革命活动。因为立场不同，思想观念不同，所以用词不同。

再如："在义和团危机过后10年的1911年，中国成立了共和国，美国人对此普遍持欢迎态度，认为中国将和我们一样成为一个基督教共和国。"

——费正清《观察中国》

材料里的"基督教共和国"就是我们教材中说的资产阶级共和国，或说民主共和国。

再如，著名历史学家斯达夫里阿诺斯喜欢用伊斯兰世界、儒家世界等名词。其中儒家世界其实指的就是中国，以及深受儒家影响的日本和朝鲜。

看到新名词不要慌张。稍微动一下脑筋，就可以转换明白。

2. 调集判断材料的背景信息的能力

历史背景是思考解决历史问题的依据，所以，在看到一段材料后，一定要养成调集背景信息的习惯，有意识地培养这种能力。

例一：宁夏2009年高考第31题，见表13-1。

表13-1　美国钢铁业统计表

年份	1870	1900
企业总数（个）	808	669
工人总数（个）	78 000	272 000
产量（吨）	3 200 000	29 500 000
投资额（美元）	121 000 000	590 000 000

表13-1所反映的19世纪后期美国钢铁业发展变化的主要特征是(　　　)。

A. 行业竞争激烈　　　　　B. 生产和资本走向集中

C. 企业规模保持稳定　　　D. 劳动生产率快速提高

这是一道材料选择题。当然我们也可以把它看成一道材料解析题。例如，可以问：概括 1870 年到 1900 年美国钢铁业变化的情况，这种发展变化的总体特征是什么等一系列问题。现在，我们先不要急于思索答案是什么，而是先迅速调集一下背景信息。

第一个信息是美国，还有一个关键信息是 1870 年到 1900 年。

"1870"，它就是一根救命稻草！由此推导出其他有效的背景信息有：发生了第二次工业革命。第二次工业革命导致了生产力的飞跃和生产、资本的集中。

我可以毫不夸张地说，这个时候问题可能已经解决一半了，甚至答案差不多已经出来了。

再看表格的内容，似乎有一个很大的矛盾：工人的数量、产量、投资额都在迅猛增长，而企业总数却在稳中稍降。这不是很奇怪吗？这个时候想到第二次工业革命造成的兼并和大企业的出现，问题就豁然开朗了，否则无法解释。

例二：公门有公，卿门有卿，贱有常辱，贵有常荣，赏不能劝其努力，罚亦不能戒其怠惰。（《礼记》）

问：材料表明先秦时期人才选拔的标准是什么？

做这道题目假如先调集出一些相关的背景信息，那么问题就容易得多。《礼记》是一本主要记载先秦礼仪制度的书。假如学生不知道这个情况也没有关系，因为下面的问题中也告诉了我们问的是先秦时候的事情。从先秦可迅速调集的信息大致有：先秦主要是指周。周采取了分封和宗法制度。而宗法制度是根据血缘关系的远近来分配权力和财产的。周末商鞅变法等曾有打破这种世卿世禄局面的措施，开始礼崩乐坏。

以上这些背景信息在大脑浮现的同时，再去迅速看明白材料的含义，特别是迅速理解关键句"公门有公（公这个权位的人家就产生有公这个权位的人）"；"贵有常荣（权贵的家庭总是荣华富贵）"，这个时候，答案就应该很容易出来了——按照出身门第的高低，按照血缘关系的远近，世往世袭。

3. 归纳、概括能力

归纳就是按照事物的某种统一性进行条理性的再整理。

比如，人需要吃很多不同种类的东西。虽然千百种，但可以归纳为：肉类、蔬菜类、蛋类、豆类、稻谷类等。

我们往往把万物归纳为生物和非生物，把生物又归纳为动物和植物，把动物又归纳为鸟类、哺乳类、爬行类、鱼类、两栖类等。而反过来，就是概括。

鸟类、哺乳类、爬行类、鱼类、两栖类等可概括为动物。动物和植物可概括为生物。

书店里的书有千万种，怎么寻找方便？于是人们把他们归纳为科技类、文学类、少儿读物类、书画类、历史类、哲学类等，将同类性质的书集中摆放，读者寻找起来就方便了。

概括是对事物某种本质性特征的抽象。

芹菜、菠菜、莴苣、蒜苗、白菜等可以概括为蔬菜。葡萄、苹果、鸭梨、榴莲等可以概括为水果。从本质上看都是碳水化合物。男人、女人、老人、儿童、黑人、白人、棕色人、黄种人等都可以概括为一个字——人。或说一种具备创造能力的高级动物。

园林、别墅、平房、楼房、茅草房、木房等可概括为住宅。

例一：

材料一：轻田野之税，平关市之征，省商贾之数，罕兴力役，无夺农时，如是，则国富矣。夫是之谓以政裕民。（《荀子·富国论》）

重敛则人贫，人贫则流者不归，而天下之人不来。（唐·李翱《平赋序》）

问：根据材料一，说明古代统治者安抚农民、巩固政权的方式是什么？

做这个题目，要先分类归纳："轻田野之税"就是减轻农业税；"平关市之征，省商贾之数"就是减轻商业税；"罕兴力役"就是减少劳役，或说徭役。

接下来还可以进一步概括：减轻农业税和减轻商业税可概括为减轻赋税。减轻赋税和减少徭役合起来，可进一步概括为"轻徭薄赋"（正巧古代有这个成语）。而这一问的答案就是"轻徭薄赋"。

例二：

在19世纪上半期的伦敦，人满为患，迁移到城市里的穷人，大多只能靠乞讨为生。许多工人只能住在没有照明和排水设施的地下室，使得传染病很容易扩散，与此相反，英国富人享有室内住宅和乡间宅第，拥有艺术收藏品，能参加被广泛宣扬的娱乐活动和去外国旅行，他们的生活方式几乎是社会底层的群众所不能理解的。

问：英国的城市化过程中出现了怎样的社会问题？

回答这个问题需要归纳和概括。

出现的问题可归纳为三方面：城市人口膨胀；传染病容易扩散；贫富差别大。

请同学们特别注意"贫富差别大"这个结论。因为它是典型的概括能力的体现。是对整个材料所描述情形的一个高度总结。是通过一部分人乞讨、住地下室，而另一部分人住豪宅、收藏艺术品、出国旅游的两种不同生活的鲜明对比得出的答案，是"照抄材料"抄不出来的。

例三：

共产主义的特征并不是要废除一般的所有制，而是要废除资产阶级所有制。但是，现代的资产阶级私有制是建立在阶级对立面上、建立在一些人对另一些人的剥削上面的产品生产和占有的最后而又最完备的表现。从这个意义上说，共产党人可以把自己的理论概括为一句话：消灭私有制……把资本变为共有的、属于社会全体成员的财产……这时所改变的只是财产的社会性质，它将失掉它的阶级性质。(《共产党宣言》)

问：材料所设想的共产主义的主要特征是什么？

可归纳为：消灭剥削消灭阶级；废除资产阶级所有制和一切私有制；建立公有制。材料中"概括为一句话：消灭私有制"这就是关键句。

注意在归纳的时候要寻找关键句，同时跳跃组合。比如，消灭剥削隐藏在段落中间，而消灭阶级则在段落最后，但可以合起来。

例四：

与当时的中东和南亚的伊斯兰世界鼎足而立的是东亚的儒家世界。正如伊斯兰世界被奥斯曼帝国、萨菲帝国和莫卧儿帝国所统治那样，儒家世界为中国所统治，其外围是朝鲜和日本。这两个世界在一个基本方面上颇为相似：它们都是以农业为基础、内向型的社会。它们的变化速度缓慢，且局限在从早期承袭下来的基本社会框架内。另外，儒家世界则因其无与伦比的统一性而与伊斯兰世界相异。类似奥斯曼帝国境内各种巴尔干基督教团体的那种错综复杂的少数派集团、类似莫卧儿帝国境内印度教徒和穆斯林之间的那种宗教派别斗争，在中国是不存在的。中国的这种内聚性并非其当时才有的一种新现象，而是从数千年前中国文明的早期阶段一直延续到今天。实际上，中国文明是世界上最古老的、未曾中断的文明。(《全球通史》斯达夫里阿诺斯著)

问：斯达夫里阿诺斯认为中国古代文明的特点有哪些？

回答这一问题需要高度的概括能力，并且还需要一定的语言转换能力。其中可以从材料里直接获得的答案是统一性，其他的需要适当地概括、提炼和转换语言。"内聚性"可转换语言为"凝聚力"。"以农业为基础、内向型的社会"可概括转换为"自给自足的较为封闭的农业社会"。"而是从数千年前中国文明的早期阶段一直延续到今天。实际上，中国文明是世界上最古老的、未曾中断的文明"可概括为三个字"连续性"。

于是经过归纳概括和适当转换语言,答案基本上就出来了:封闭性、统一性、稳定性、连续性,凝聚力强,发展变化小,农业社会。

归纳概括的功夫培养不可心急,需要细心揣摩,慢慢锤炼。

4. 逻辑推理能力

逻辑推理,就是按照事物内在的联系推导出新的信息。

逻辑推理能力在现在的历史高考中占有越来越重要的地位。而这一能力的培养却往往被忽视。

例一:

(2009年广东省广州市高三年级调研测试)罗斯福曾打比喻说:"1933年夏天,有位头戴丝绸帽子的老绅士在防波堤边上失足落水,不会游泳。一位朋友跑下防波堤,跳进水里,把他救上来,但丝绸帽子被浪冲走了。老绅士苏醒过来后,千恩万谢,夸奖他的朋友救了他的命。但是,三年后的今天,老绅士却因丢了帽子而斥责他的朋友。"这段话表明:

A. 新政一直遭到资产阶级强烈反对

B. 美国30年代的大危机具有偶然性

C. 新政挽救了资本主义制度

D. 新政损害了资产阶级的根本利益

从材料里给出我们的信息可以推断出里面有两个比喻,老绅士比喻资产阶级,朋友比喻罗斯福自己。故事情节可简单地归纳为两点:一是朋友救了老绅士的命;二是老绅士被救的同时帽子丢了。由此,我们可以推理得出的信息是虽然帽子丢了,但与生命相比显然微不足道,自然应该选择 C. 新政挽救了资本主义制度,因为这是救命的事情。

但也有一些同学选 A. 新政一直遭到资产阶级强烈反对。选 A. 的同学就是逻辑思维出了问题。因为没有一个人会因为可能丢帽子而反对别人救他的命。另外,假如新政真的一直遭到资产阶级强烈反对,那么新政是无法实施下去的,因为美国本身就是资产阶级国家,而且罗斯福又没有独裁权力。

但也有一些同学选 D. 新政损害了资产阶级的根本利益。这些同学也是逻辑思维出现问题。丢帽子,这是很小的损失,绝对不是根本利益的损失。按照我们传统的说法,美国本身就是资产阶级掌权的国家,肯定是要维护资产阶级利益的,万不得已的时候可能会对资产阶级有小的损害,无论如何也不可能损害自己的根本利益。

例二：

材料一：他（胡佛）认为 1929 年的股市崩溃"只是一件孤立事件"，说什么"对美国经济的前途，或对美国企业经营能力哪怕有丝毫的不信任，都是蠢事"。他把大危机看成"一种心理现象"，并用"萧条"一词代之以"恐慌"或"危机"，说这样不至于"那么吓人"。（黄安年《20 世纪初的经济发展和 30 年代经济大危机》）

材料二：这个伟大的国家会一如既往地坚持下去，它会复兴和繁荣起来。因此，让我首先表明我的坚定信念：我们唯一不得不害怕的就是害怕本身——一种莫名其妙、丧失理智的、毫无根据的恐惧，它把人转退为进所需的种种努力化为泡影。凡在我国生活阴云密布的时刻，坦率而有活力的领导都得到过人民的理解和支持，从而为胜利准备了必不可少的条件。（据富兰克林·罗斯福《名人演讲》）

问题：

（1）材料一中胡佛认为 1929 年的股市崩溃"只是一件孤立事件"的观点是否正确？结合史实简要分析。（5 分）

（2）胡佛和罗斯福都对美国经济的前景充满了信心，但是，在应对危机方面有明显的不同，指出二者的主要不同之处。（2 分）

从第一问中我们可以看出，胡佛认为 1929 年的股市崩溃"只是一件孤立事件"，这一观点本身就缺乏逻辑，因为事物是普遍联系的，很多事件的偶然性存在于必然性之中。因此要结合史实分析其观点不正确，只需要说明导致经济危机的背景原因就可以了，就可以说明它不是孤立的偶然事件。

针对第二问，面对经济危机，胡佛和罗斯福都认为民众不要太恐慌，应该充满信心。但是二人在应对危机的具体方法和措施却不同。怎么个不同呢？材料里面没有答案。怎么办？胡佛的情况书中介绍很少，同学们了解不多，但罗斯福的情况书上介绍得比较详细。众所周知，罗斯福是依靠国家干预经济的方法应对危机的。材料中说胡佛与他明显不同，那么反推一下，答案基本上就出来了，既然罗斯福是干预，那胡佛就是放任了。

例三：

皇帝见丞相到，起立施礼后才坐下，礼官在旁边高唱赞曰："皇帝为丞相起。"上述现象最有可能发生在：

A. 西汉初　　　　B. 唐朝　　　　C. 宋朝　　　　D. 明朝

做这个题目，是可以根据中国古代君权不断强化，相权不断弱化的总趋势来推理，基本上可以说越早的时候，宰相受到的礼遇越好一些。事实上也是这样，总体看，从春秋战国到明清，大臣见到国君，从促膝而谈到坐着，到站着，再到跪下，最后到几乎趴下。西汉初比唐、宋、明早，于是可以推测出"皇帝为丞相起"最可能在西汉初。

例四：

材料一：民有二男以上不分异者，倍其赋。（据《史记·商君列传》）

问：此措施对当时家庭产生的影响？

解这个题，依然要靠逻辑推理。这是商鞅变法中的一个规定，这句话的意思是一家如果有两个以上的成年男子，如果不分家就加重你的赋税。于是自然推导出的一个影响是——大家庭承受的赋税负担加重。但是到此还没有结束，要继续反向推导。既然大家庭的负担会加重，那就很可能促使很多大家庭为减轻赋税负担而分化为小家庭。这样第二个影响也就出来了——小户家庭的数量增多。

5. 评价能力

历史评价包括对历史人物功过是非，对历史事件的成因、影响，对历史现象的本质、价值等进行评判。

这是一种高级的历史学习活动，可以看出一个人对历史问题的认识水平。

评价历史一般分三种情况：一是基本否定；二是基本肯定；三是有功有过，有利有弊，有积极有消极。

历史上有一类事情是可以基本否定的，甚至可以全盘否定。例如，太监制度；妇女缠足；一个人给另一个人下跪；滥杀无辜；乱砍滥伐等。这些都是严重违背自然法则的丑恶现象，所以要全盘否定。

历史上还有一类事情是可以基本肯定的，甚至可以全盘肯定。例如三权分立；保护生态平衡；保护文化遗产；自由恋爱等。这些都是保障和尊重人的自由、权利和幸福，顺应自然法则的事物，所以要全盘肯定。

大部分的历史现象是有功有过，有利有弊，有积极有消极。只不过是功大于过，还是过大于功，积极因素多，还是消极因素多的问题罢了。属于这一类的历史事物有：清末的预备立宪；日本《大日本帝国宪法》的颁布；西方国家的殖民扩张；全球化；宋太祖加强中央集权；王安石变法；洋务运动；中国近代衣食住行的西化；佛教传入中国；道家思想对国人的影响等。这些事物大都具有明显的优点和缺点，既产生了许多好的影响，也产生了不少坏的作用。很多问题至今仍在研究争论，不可轻易下一个简单的肯定或否定的结论。就拿道家思想对国人的影响来说，恐怕再过一百年，也很难研究得特别透彻。所以，同学们要养成辩证地看待问题的习惯。

评价历史，说起来容易，而遇到具体情况时，往往非常复杂，难度很大。比如对历史人物的评价，对秦始皇、朱元璋、海瑞、康熙、雍正、克伦威尔、拿破仑、拜伦等人物的评价至今争论激烈。对历史事件的评价，对商鞅变法、秦始皇统一全国，秦始皇修筑长城，北魏孝文帝改革，美国西进运动，西方列强的殖民扩张等的评价至今没有一个基本的定论。

由于人们掌握史料的多少、见识的高低、看问题的角度、所处的立场不同，往往对一个历史人物或事件的评价结论大相径庭。别说对古代的人物，就是对当代人物，对甚至是我们亲身生活在其统治之下的人物的评价也往往是错综复杂，莫衷一是。有时即便是双方都拥有大量的事实和权威人物的评说，也很难说服对方。

对商鞅变法的几种评价(见表 13-2)。

表 13-2

评述内容	出处	结论
太史公曰：商君，其天资刻薄人也。迹其欲干孝公以帝王术，挟持浮说，非其质矣。且所因由嬖臣，及得用，刑公子虔，欺魏将卬，不师赵良之言，亦足发明商君之少恩矣。余尝读商君开塞耕战书，与其人行事相类。卒受恶名于秦，有以也夫	《史记·商君列传》	基本否定
行之十年，秦民大说，道不拾遗，山无盗贼，家给人足。民勇于公战，怯于私斗，乡邑大治……令民父子兄弟同室内息者为禁。而集小乡、邑、聚为县，置令、丞，凡三十一县。为田开阡陌封疆，而赋税平	司马迁《史记》卷六八《商君列传》	基本肯定
夫商君为孝公平权衡，正度量，调轻重，决裂阡陌，教民耕战，是以兵动而地广，民休而国富，故秦无敌于天下	(西汉)刘向《战国策·秦策三》	基本肯定

续表

评述内容	出处	结论
孝公用商鞅之法，移风易俗，民以殷盛，国以富强，百姓乐用，诸侯亲服，获楚、魏之师，举地千里，至今至强	《史记·李斯列传》	基本肯定
（秦）用商鞅之法，改帝王之制，除井田，民得买卖，富者田连阡陌，贫者无立锥之地	《汉书·食货志》	基本否定
商鞅这个人非常阴毒。他的政策就是一民、愚民、弱民。把百姓完全变成工具。他的成功建立在百姓的痛苦之上。这种方法建立起来的强大不会长久，也没有价值。如果人不幸福，国家强大的意义何在？商鞅实行的是一种军国主义的法西斯性质的统治	学者鲍鹏山等	基本否定

看完这个材料，你一定很头晕。光是司马迁一人对商鞅变法就有两种评价。如何使我们在纷繁复杂的评说中尽量保持一颗清醒的头脑呢？

首先，思辨者要坚持实事求是的原则，用事实说话。假如面对铁证如山的事实一方不承认，那就无法辩论下去。例如，宋高宗和秦桧杀害了岳飞，这个是铁的事实，你说根本没有，那还怎么对话？

即使双方讲的都是事实，对事实也要科学分析。例如，甲说民主不好，因为它冤杀了苏格拉底。乙说专制不好，因为秦始皇坑杀了400多个无辜文人。这二位所列举的都是事实，怎么办？那就要进一步做更详细的事实分析。在基本相同的时间里，民主的雅典一共冤杀了多少人，一共制造的冤案有多少宗？专制的秦国一共冤杀了多少人，一共制造的冤案有多少宗？这样进行比例式的事实比对，问题就更科学和有说服力了。

以前，很多人在争论到底是西德好，还是东德好。结果发现东德的人总是想尽办法翻越柏林墙往西德跑，而罕有西德的人往东德跑。这个事实已经很说明问题。

评价历史进入高级层次的思维就要特别注意研究评价历史的标准。

评价历史主要有两个标准，一个是对人；一个是对物。

对物，就是看是否促进了生产力的发展。

对人，就是看是否遵循人文主义和符合普世价值。

简单地说，人文，就是对人好，对文化好。对能够促进人的健康发展，提高人的幸福指数，丰富文化的事物，我们就应该基本肯定。

自由、民主、平等、公正、人权等是现代社会公认的普世价值，大凡符合这些普世价值的事物就是基本值得肯定的。用普世价值来做评价的坐标，很多问题就容易解决了。比如对汉武帝的评价，以往大多数人对他的评价过高，也有很多人处在矛盾之中。因为汉武帝的所谓英武，打败了周边许多少数民族，扩展了疆域，可谓功比天高。但是，你再仔细分析他做的事情，几乎全部是给百姓、大臣、亲人带来痛苦的，是和自由、民主、平等、公正、人权等普世价值刚好唱反调的。这个时候，再看汉武帝的所谓丰功伟业，就令人怀疑了，这个人物被基本否定就没有什么问题了。

有了这几个基本判定标准，特别是有了普世价值这一最靠近真理的评价坐标，我们的头脑就会清晰一些。

而当对人和对物发生矛盾的时候，比如，一件事情对物有利，但对人没利的时候，我们应该基本倾向于人。斯大林模式曾使得苏联国民生产总值一跃成为世界第二，但是，他的人民却极为不幸。因此，我们还是要基本否定这个模式。这种不顾人民死活的发展，也长久不了。

因此，科学发展观是比较好的提法：一是它注意发展不能以牺牲人民的幸福和利益为代价；二是它注意到在尽量不破坏环境的情况下可持续发展。

6. 汲取历史智慧和经验教训的能力(启示、启发、教训)

学习历史的一个重大意义就是汲取历史智慧和经验教训，因此，不少试题都有一问是考察你的汲取历史智慧和经验教训的能力的。通常都会问你得到哪些启示啦，我们从中可以吸取的经验教训有哪些啦，等等。这种能力需要同学们高度重视，因为从我们历年阅卷的情况看，百分之八十以上的学生一到"启示类"问题答题处就空白了。平时学习的时候，同学们多设计一些这一类的问题进行思考、讨论，考试的时候应对起来就会比较从容。

下面我举三个例子来说明一下怎样分析、回答这类问题。

例一：

材料一：楚国国王派大臣去请庄子做宰相。庄子连头也不回。并发出高论：我宁肯做污泥里爬来爬去的乌龟，也不愿意做高庙里被供奉的将要牺牲的乌龟。（故事来源于《庄子》一书）

材料二："一个对政治毫无兴趣的男人，我们不说他是那种只扫自家门前雪，不管他人瓦上霜的人，而干脆把他当做废人。"（古希腊雅典政治家伯利克里语）

问：1. 庄子和伯利克里对政治的态度有什么不同？

2. 造成这种不同的社会环境有什么不同？

3. 他们不同的政治态度造成的结果将是怎样？

4. 你如何评价他们的政治智慧，从中得到哪些启示？

这里重点帮同学们分析关于启示类问题的第四问。要做好第四问，首先要弄明白前三问，因为这个启示与前三问密切相关。

庄子对政治的态度是远离，而伯利克里对政治的态度则是鼓励所有公民积极参政议政。二者政治态度的差异与当时他们所处的环境不同有关。庄子生活的时代是专制政治社会，环境险恶。庄子本人又热爱自由，从政会导致自己失去自由。而伯利克里则处在一个政治民主、人民主权、宽松自由的环境里。

庄子和伯利克里都是非常智慧的人。但从后世的结果看，庄子的政治态度仅对其本人暂时性的安全和自由有一点益处（不能长久，缺乏保障），而对后世中国政治文明的进步推动作用甚微，消极影响可能更大。

想到这一步，答案基本上就出来了。

参考答案：庄子的隐居避祸和伯利克里的积极参政都显示了他们的智慧。他们不同的政治态度与他们所处的时代特征有着密切的关系。从长远看，远离政治、主动放弃政治权利对促进政治文明的进程不利，也不可能使自己真正获得自由和幸福。正所谓"你不关心政治，政治关心你"。所以，每个人都应该关心自己的政治权利，积极参政议政，推动政治文明。

例二：1958 年开始了"大跃进"。当时提出的口号是"无煤也炼钢"，"人有多大胆、地有多大产"。各地争相"放卫星"，有地方放出的卫星使亩产量高达12 万斤，甚至登到《人民日报》上。而几年过后，人们发现"大跃进"的结果却是生产的大倒退、大破坏。结果与人们的愿望正相反。老一辈革命家薄一波在接受中央电视台采访的时候说，当时毁坏的森林、浪费的资源多得没法统计。

问：从"大跃进"中我们可以吸取哪些经验教训？

回答这类问题，我们一般不要盯着过程和结果，主要先分析造成其结果的原因，然后针对原因得出不应该再犯类似的错误，我们应该如何做。

从老师的讲课和课本中的描述，我们可以回忆起一些。再分析"无煤也炼钢""人有多大胆、地有多大产"这样的口号，我们不难看出"大跃进"存在着忽视客观条件，过分夸大人的主观能动性的问题。"放卫星"放到亩产12万斤，可见浮夸风多么严重，高指标多么害人。明显造假的政绩能够登上《人民日报》，并且无人质疑，又说明当时缺乏调查研究和实事求是的作风，同时也说明政治体制不够民主、宽松，新闻机构不独立，舆论监督不到位。然后我们还可以总结它是左的错误表现。分析到这里，答案基本上就出来了。

参考答案：经济建设不可忽视客观规律；不能够片面夸大人的主观能动性，好大喜功；要严厉打击假政绩、浮夸风等行政陋习；加快政治体制的改革，加强民主法治建设；谨防"左倾"错误。

例三：

日本在19世纪中期遭遇内外危机，经过明治维新后迅速崛起。在20世纪中期又遭遇了"二战"惨败的灭顶之灾，但二十年后再次崛起。从日本的两次崛起中，我们可以得到哪些启示？

做这个题目，也是先寻找日本崛起的原因，找到原因之后，问题就基本解决了，答案基本上也就出来了。

首先，日本两度崛起最重要的原因都和政体的进步有关。明治维新建立了君主立宪制，颁布了宪法。"二战"后日本被美国改造得更为民主，天皇失去权力。

其次，日本是一个非常善于学习他人长处的国家，而且学得认真、彻底。而中国向先进国家学习的态度则比较被动、消极。

再次，日本的国民素质高，包括团结精神。

再再次，日本的工业基础和人才基础好。

最后，日本对教育高度的重视，全民义务教育比我国早了近百年。

这个时候，启示已经非常明显了——一定要加快政治体制改革的步伐，一定要对外开放，大力引进、学习外来科技；注意提高国民素质；加大对教育的投入，重视教育改革等。

7. 解决问题的能力（我们该怎么做）

学习历史还有一个重要的作用，就是提高学生解决问题的能力。而这一能力也往往被很多同学忽视。

解决问题就是要想出办法，给出方案，拿出措施，正所谓经世致用。

考查学生解决问题能力的问题设计很多，如：

你认为如何解决民生问题？

你认为如何解决现在的金融危机问题？

你认为如何控制房价?

你认为如何防范腐败?

你认为怎样才能处理好经济发展和环境保护的关系?

这些问题看上去好像连总统一类的人物都难以解决的,不过现在经常拿来问学生了。

这些问题,往往没有现成答案。好在与启示类的题目比较相似的地方是,可以从前几问中寻找到一些答案,其思考分析的过程也与启示类问题差不多。

例一:

尽管大陆地区所申报的专利在我国的专利总量中始终处于优势地位,但在最能代表创新水平的发明专利申请方面,大陆地区的发明专利申请状况自1994年以来始终处于劣势地位,1995~1999年大陆以外地区的发明专利申请量之和,已是同期大陆地区申请量的1.53倍。仅1999年大陆以外地区所申报的22 698项发明专利申请中几个发达国家:日、美、德、韩、法、瑞士、荷、英8国就占18 910项。而同年我国向国外申请的发明专利最多的一年,合计还不足300项,仅相当于大陆以外地区在化所申报发明专利总数的1.32%!虽然在2000年以后,一些省市区先后出台了一些鼓励申请专利的措施,专利申请量大幅度增加,但统计分析后发现,新增加的部分专利大部分是一些没有实际商业开发的价值的科学发现,或是没有实际的开发价值的所谓新成果。从统计表中我们可以看出,大陆地区的申请人所申报的发明中,72.2%专利申请书的页数不足10页,82%以上专利申请书的权利要求不足10项,想想看,一项专利申请说明书不足10页的发明所包含的技术创新成分又能有多少呢?(孔维铭《中国发明路在何方》)

问:你认为应该如何解决材料中所反映的情况?

回答这个问题首先要明确材料反映的问题是什么。材料列举了许多事实,归结起来就一句话——中国有价值的发明创造事业和海外比处于劣势。接下来你就要分析为什么发明创造事业会处于劣势?分析原因的时候注意从多个角度阐述。当基本原因分析出来后,采取的措施也就比较容易推导出来。这个问题的答案比较开放,可能会引发学生的创造性。

参考答案:国家要制定措施,加大对发明创造活动的奖励;鼓励民间多创办发明创造的团体。各级各类学校开设培养创新思维能力和动手创造的课程;鼓励企业组织创造发明团队;学校教育中取消应试教育的一些措施。学校教育中要加强科学精神的培养。(其他观点,言之有理即可给分)

例二：

材料一：

下面是"美国大学启示录"中描述的：

美国今天的科研成就是基于它 140 年前开始的科研和教育政策，尤其最重要的是"二战"之后的政策。

1862 年，美国正着手开发西部，一位有远见的参议员 Justin Morrill 为了提供落后地区的农工人员受教育的机会，推动实施了《赠地法案》，由政府提供免费土地用以创办新的"赠地大学"。这个法案使每个州分别获得三万英亩土地，《法案》还允许大学将这些土地变卖，用卖地之资作为学校经费。

随着美国的社会财富日益雄厚，国家对大学的经费投入也逐步增加。见到德国的研究型大学获得成功，Morrill 和其他参议员又推动实施了新的法案，追加了研究经费和新学科教学的经费，以促成研究和教学并重的"研究型大学"。（李开复《中国为什么与诺贝尔奖无缘？》）

材料二：

诺贝尔奖创立一百多年，为什么一直与拥有世界上最多人口的中国无缘？这一问题已经引起了越来越多人的思考。其中涉及的问题是多方面的，在人才培养方面，哪些原因阻碍了我们迈向诺贝尔奖的步伐？（《中国为何与诺贝尔奖无缘？》2007 年 8 月 13 日《人民日报》海外版）

问：请你就学校教育这个范畴拿出一些建议、措施，解决以上两段材料所提出的问题。

两段材料说得是一个问题。而这个问题与例一的答案又有很多相同的地方。如果不是限定在学校教育这个范畴，答案与例一很多相同。现在既然限定了范围，那我们就集中考虑学校教育这一块。这一问题开放性也很强，给学生们提供了比较广阔的发挥自己聪明才智的空间。

参考答案：取消全国统一高考，实现大学自主招生；学校去行政化，使得教学占据主导地位；取消校长负责制和任命制，实现师生当家做主；取消行政高压的管理模式，实现班级自治；取消考试排名评比等活动，重视学生多方面素质的培养；各级各类学校开设培养创新思维能力和动手创造的课程；各科教学中都必须强化创新能力的培养。学校教育中要加强科学精神的培养，鼓励学生去质疑、探索、创造，改变只重视纪律、分数和虚假德育的陈腐观念；国家应加大对学校教研活动的资金投入，努力建设研究型学校。（其他观点，言之有理即可给分）

十四、
中国古代史各时期阶段特征、概况

1. 夏(前 21 世纪~前 16 世纪)

政治：王位世袭。

经济：落后，石器时代，主要农业生产工具是耒耜(木、石、骨、贝)，原始灌溉出现。

文化：夏历。

总体特征：部族国家，传说时代。

2. 商(前 16 世纪~前 11 世纪)

政治：方国联盟。出现分封制和宗法制的雏形。

经济：石器时代，青铜制造发达(司母戊大方鼎、四羊方尊)，商业发展较好，出现职业商人。

文化：甲骨文，敬神风气浓郁，最早日食、月食记载。

总体特征：部族国家，方国权力较大，青铜发达，敬神。

3. 西周(前 11 世纪~前 8 世纪、前 771 年)

政治：分封制、宗法制、礼乐制度，血缘贵族政治。

经济：井田制(国有)，千耦其耘(大规模奴隶集体劳动——因为生产力落后)，造车(号称百工)、丝织等发展较好，农作物种类增多，工商食官(官营、国营)。

文化：诗歌、舞蹈发达，严格周密的礼仪，敬神的宗教情节淡化，敬天保民。

4. 东周(前 771～前 221 年)

包括春秋(前 771～前 476 年)和战国(前 475～前 221 年)两个阶段。

政治：分封、宗法、礼乐都开始破坏，血缘贵族政治向官僚政治转型，变法改革。

经济：铁器牛耕，铁器时代，井田制瓦解，小农经济出现，精耕细作，商业发达(宛、邯郸、中原市场)，工商食官被打破，大量私商出现，冶铁业发达，炼出生铁。

文化：百家争鸣(出现原因：生产力的飞跃，社会的剧变和转型，私学、教育下移，士的形成，分裂战乱，各国竞争对人才和施政方针的需要等)、彗星、哈雷彗星、太阳黑子记载，《甘石星经》，九九乘法表，司南，《黄帝内经》，扁鹊，诸子散文(以《庄子》为代表)，离骚，楚辞，诗经，古琴曲《流水》。

总体特征：这是一个社会剧变、转型的时代。从血缘贵族社会向官僚社会转变。由于铁器、牛耕的出现造成生产力大飞跃，生产力的飞跃又导致井田制的瓦解，私田和小农的出现，地主阶级的上升，变法改革不断。分封制、宗法制、礼乐制度纷纷遭到破坏。周天子地位不断下降，地方割据混战。人才流动频繁。在这样一个大变局的背景下，出现了百家争鸣的思想文化大繁荣。中华民族的思想主体在此阶段基本形成。这是一个人才辈出的时代，中国古代史上在思想、军事、外交、科技、艺术等领域的最有影响的巨匠和最有分量的开山之作几乎都出现在这一时期。

5. 秦朝(前 221～前 206 年)

政治：创建专制主义中央集权制(皇权至上、家天下、三公九卿、郡县制、秦律、考察任命官吏制度)。官僚政治在全国确立。巩固统一的措施有：统一货币(半两钱、圆形方孔)、文字、度量衡、修长城、驰道，崇尚法家；焚书坑儒。

经济：修灵渠等。商业一般(重农抑商)。小农经济发展。造车发达。

文化：长城(建筑艺术)，兵马俑(陶塑艺术)，小篆(书法艺术)

总体特征：短暂，暴政，创建制度，第一个统一的多民族国家。

6. 西汉(前 204～9 年)

政治：汉承秦制(基本承袭秦的政治制度，略有改变)改变了治国方针，不再暴政，改用道家、儒家。汉武帝之前休养生息，黄老之治(文景之治)，武帝后积极有为，设内外朝强化自己的权力，改用儒家，实则为儒法并施。郡国并行，出现王国问题。武帝采取向地方派刺史、推恩令、酎金夺爵等方法基本上解决了王国威胁中央的问题。

经济：犁壁的发明使牛耕真正推广。发明犁耕法、耦犁。丝织业发明提花机。兴修水利（白渠、六辅渠、治理黄河）。用煤冶铁。张骞通西域，开辟丝绸之路。

文化：思想——前期信奉黄老思想，武帝后新儒学成为中国的统治思想和主流思想。

科技——造纸术（植物纤维纸）。

艺术——汉赋；汉乐府；汉隶。

史学——司马迁《史记》。

7. 东汉（25～220 年）

政治：黑暗（外戚宦官交替掌权）；党锢之祸。

经济：田庄盛行；商品经济不发达；王景治理黄河；出现青瓷。

文化：张衡发明地动仪、浑天仪；张仲景著有《伤寒杂病论》；华佗发明五禽戏、外科手术。蔡伦改进造纸术；出现数学专著《九章算术》；班固著史书《汉书》；帛画；儒学迷信化严重。

汉代总体特征：是我国古代官僚社会的发展时期，多民族国家进一步巩固和发展，有汉唐盛世的说法。风格雄浑。

8. 三国两晋南北朝（220～589 年）

政治：相对黑暗；九品中正制；门阀制度。

经济：发展快。南方经济赶上了北方；发明翻车；出现白瓷；发明灌钢法；丝织发达（蜀锦有名）；商业不发达。

文化：佛教（南朝四百八十寺，多少楼台烟雨中）、道教兴盛；玄学、清谈（竹林七贤）盛行；儒学危机；贾思勰著我国最早的一部完整的农书《齐民要术》；祖冲之著有《缀术》，并将圆周率推算到小数点后 7 位；书法成为自觉的艺术（王羲之）；文人画出现（顾恺之）；建安文学名气很大；流行骈体文。

总体特征：是一个分裂战乱和民族大融合时期。虽然商业不发达，但整体经济发展迅速，南方赶上北方。特立独行的士人群体造就了文化的新发展和新特点（如玄学、书法艺术的自觉和文人画，对意境、风骨的追求等）。

9. 隋朝（581～618 年）

政治：创建三省六部、科举制，暴政而亡。

经济：继承北魏均田制；开凿大运河。

文化：建筑发达，出现有名的大建筑师。

总体特征：短暂、暴政、统一，创建制度、大兴土木（与秦朝相似）。

10. 唐朝（618～907 年）

政治：唐承隋制。继承和发展了三省六部制、科举制、均田制。政治开明，有贞观之治（主要在唐太宗时期）、开元盛世（唐玄宗）。唐太宗善于纳谏，善于用人，有名臣魏征等。唐玄宗统治前期政治清明、善于用人，后期昏庸，导致史安之乱，国家由盛转衰，开始了藩镇割据、尾大不掉的局面。

经济：发达。实行均田制、租庸调制。发明曲辕犁、筒车和缂丝技术。三大丝织业中心：定州、益州、扬州，还有造纸中心宣州等。瓷器普遍进入百姓家用，邢窑的白瓷、越窑的青瓷名气很大，陶器是唐三彩有名。商业发达：长安的商业区有东市、西市；广州是国际性商业中心；丝绸之路；海上陶瓷之路；广州、登州、扬州都是对外贸易的重要城市。

文化：昌盛。思想多元（各家各宗教都允许发展）；科技发达（僧一行测量子午线、与梁令瓒创制黄道游仪、发明雕版印刷术、发明火药）；艺术高超（唐诗光芒万丈，书法也是高峰。绘画有画圣吴道子；小说雏形传奇出现；诗圣、诗仙、小李杜；书法有张旭、怀素、颜真卿、柳公权、欧阳询等大家）。

总体特征：政治开明、经济发达、文化昌盛。中国古代鼎盛时期。对外开放、兼收并蓄。是亚洲文化中心。而同时期西方正处在中世纪的黑暗中。唐文化是当时世界最亮的一颗明珠。

11. 五代十国（907～960 年）

一般是指介于唐末宋初的这一段历史时期。伴随着唐朝的灭亡，形成了藩镇割据局面。907 年，朱温建立后梁，历史进入五代十国时期；五代是指后梁、后唐、后晋、后汉、后周五个次第更迭的中原政权；十国是指前蜀、后蜀、吴、南唐、吴越、闽、楚、南汉、南平（荆南）、北汉等十几个大都在南方的割据政权。直到 960 年赵匡胤代周建立宋朝，五代十国时期结束。

政治：战火纷飞。政权更替频繁。统治者多重武功而轻文治。

经济：由于战争频繁，"百役繁兴"。赋役严重，使战乱破坏严重的北方社会经济难以复苏，也大大阻碍了南方经济发展的进程。不过在艰难中经济也有发展，成都平原和太湖流域社会经济持续发展，农业比较发达。吴、南唐、吴越所在的长江中下游地区，大批荒地得到了开垦。吴越在浙东沿海修筑了捍海石塘，以防海潮侵袭，又募民开垦荒田，免征田税，使钱塘成为东南的富庶地区。福建经济面貌大为改观。瓷器制造和雕版印刷业的成就尤为突出，南方和北方都有精制的各色瓷器。海外贸易发达。

文化：诗歌衰落，小品文有突出成就。词的发展较好，特别是温庭筠和南唐后主李煜的词成就很高，影响很大。

总体特征：五代十国本质上是中晚唐的藩镇割据的延续，早在晚唐时代这些藩镇已经存在。战乱频繁，赋役沉重。经济在破坏中有所发展。

12. 北宋（960~1127 年）

政治：强化了中央集权，通过三收（兵、钱、权）解决了长期以来的尾大不掉现象。从此地方再也没有大规模对抗中央的现象。但也造成了冗官、冗兵、冗费的三冗现象。强化了君权，分割了宰相的权力。王安石变法力图革新政治，结果失败。文人的天下，政府对文人比较宽容和重视。

经济：政府不抑兼并、不压制商业活动。商业特别发达（汴京、两个打破——时空，清明上河图，瓦子、交子）。农业工具改进突出——发明弯锄等。景德镇、定窑、汝窑的瓷器非常有名。煤首次用于居民取暖。造船技术高。

文化：思想上理学产生。科技成就特别突出，印刷术、火药、指南针三大发明在宋代有划时代的发展（活字印刷、罗盘针、火药广泛用于军事）。《梦溪笔谈》在一定程度上反映了当时科技水平很高。艺术成就巨大（宋词、话本、南戏、宋四家书法倡导有意无法、绘画出现更注重意境文人山水画）。重视科举。书院活跃。

总体特征：强化集权、积贫积弱、商业高度发达、科技高度发达、艺术有特色、三冗问题严重。重文轻武。文人政治突出。理学体系形成。大唐开放大气的风气逐渐消失。

13. 南宋（1127~1279 年）

宋高宗赵构在临安（今杭州）重建宋朝。

政治：体制与北宋相似。

经济：以远洋贸易为主的商业经济大繁荣，甚至有不少学者认为已经出现最早的资本主义生产关系。指南针使航海技术跨入了海洋时代，造船业、航海业发达。棉花种植由福建、广东推广到长江流域。景德镇成为全国著名制瓷中心。流传"苏湖熟，天下足"的谚语。全国经济中心由北方转移到南方。江浙地区长期成为全国的经济重心。

文化：宋元时期兴盛一时的民间艺术演出场所"勾栏瓦舍"，是中国戏剧史上一个重要的文化现象，具有独特的地位。理学大师朱熹、陆九渊推动理学发展。陆游的爱国诗，辛弃疾的豪放词，李清照的婉约词等成就显著。马远、夏圭不求对称，注重意境的文人山水画水平很高。

总体特征：封建经济发达、科技水平高、对外开放程度较高，但军事实力较弱，政治上相对保守。

14. 元朝(1271～1368 年)

开国皇帝元世祖忽必烈。1218 年蒙古灭西辽，1227 年灭西夏，1234 年灭金国，1246 年招降吐蕃，1253 年灭大理，1279 年灭南宋，统一中国。首都：大都(今北京)，1368 年被农民起义推翻。

政治：中书省为最高行政机关，行使宰相职权。设左右丞相。丞相权位较重。设宣政院统领宗教事务和管辖西藏地区。除河北、山东、山西由中书省直接管理外，元朝在地方设置行中书省(简称行省或省)。采用民族分化政策，把全国人分为四个等级(蒙古人、色目人、汉人、南人)。

经济：忽必烈在位期间，整顿农桑。元政府又将《农桑辑要》一书颁行各路。驱口、匠户作为奴隶制的残余形态。棉花种植得到推广。在棉纺织革新家黄道婆的推动下，松江乌泥泾成为棉纺织业的中心。丝织业也有一定的发展。景德镇是全国最大的制瓷中心，其中的青花瓷、釉里红最为著名。元朝的大都，不仅是全国的经济中心，而且是当时国际上著名的大都市，吸引了东西方很多国家的商队和使团。沿海的广州、泉州、福州、温州、庆元(治所在今浙江宁波)等，都是重要的外贸港口。

文化：元曲包括两部分：元杂剧和散曲。著名的作家关汉卿、王实甫、马致远、郑光祖、白朴等成为名传千古之人。著名戏剧作品有《感天动地窦娥冤》、《崔莺莺待月西厢记》。散曲风格与唐诗宋词迥异，极其直白通俗。赵孟頫的书画很有名。政府组织了一系列大规模的天文实测活动。司农司编辑《农桑辑要》，王祯著有《农书》。

总体特征：政治黑暗，统治残暴。地域辽阔、民族融合、大一统。民族分化。文化兼容务实。

15. 明朝(1368～1644 年)

政治：废中书省和丞相，皇帝直统六部；设殿阁大学士、内阁；票拟、批红；特务统治(锦衣卫、东厂、西厂)；八股取士；宦官当权；党派纷争；地方设三司(承宣布政使司、提刑按察使司、都指挥使司)。

经济：传统生产技术领先世界，单位粮食产量大增，耕地面积大增，水稻面积扩大，引进玉米、甘薯、马铃薯，棉衣成为广大人民的主要衣料，衣食结构发生变化。明朝无论是冶铁(焦炭炼铁)、造船(郑和下西洋)、建筑等重工业，还是丝绸(南京、苏州、杭州)、纺织、瓷器(五彩、斗彩)、印刷等轻工业,在世界上都遥遥领先,工业产量占全世界的2/3以上。白银成为普遍流通的货币,出现大商帮(晋、徽等);出现三十多个工商业市镇;农产品商品化程度高。私营手工业规模超过官营。出现资本主义萌芽(机户出资,机工出力)。张居正改革实行一条鞭法(把原来的田赋、徭役和杂税合并起来,折成银两,分摊到田亩上,按田亩多少收税)。

文化:理学是统治思想和主流思想。出现带有民主色彩的新思想(李贽等)。出现许多总结性的科学巨著,如《本草纲目》、《天工开物》、《农政全书》。明代文学,小说成就最高,戏曲次之,诗文相对衰微。《三国演义》、《水浒传》、《西游记》、《金瓶梅》、"三言二拍"都是家喻户晓的名著。戏曲中汤显祖的《牡丹亭》以其独特的构思,表现了强烈的反礼教精神,影响深远。祝枝山、八大山人等人的书画个性化强,风格奇特。

总体特征:君权强化,政治黑暗,传统经济发达,出现资本主义萌芽。理学是主流思想。出现个性解放的萌芽。出现带有民主色彩的新思想。明清总体上属于中国传统社会的衰落时期。其走向总体上看与当时世界进步潮流脱轨(如加强君主专制、重农抑商、海禁、闭关锁国等)。

16. 清朝:(1644~1912年)

这一段主要讲1840年鸦片战争前的状况。1840年到1912年的情况与下面要讲的近代情况重合,故在此省略。

政治:清承明制,继续设内阁、六部。清初的议政王大臣会议带有一点贵族民主的色彩。后设军机处,使得君主专制达到顶峰。外戚、宦官干预朝政的现象基本消失。为加强思想控制大兴文字狱。曾出现康乾盛世,但很多学者认为是被吹嘘出来的。

经济:传统经济高速发展(耕地、人口、商帮、粉彩、珐琅彩、广东佛山冶铁、景德镇、丝织、棉织)但闭关锁国(只开广州一地对外贸易),重农抑商。新经济因素难以成长。

文化:思想上以理学为主(后期受到冲击,西学传入)。科技发展缓慢,成就不大,近代科技无法诞生。小说创作成就巨大,著名的有《红楼梦》、《儒林外史》、《聊斋志异》。京剧诞生。绘画大师有八大山人、石涛、扬州八怪等。

总体特征:疆域广大,君权强化,政治黑暗,传统经济发达,理学主导下出现个性解放的萌芽(鸦片战争后剧变,转型)。

(注意几个大时代:三代,先秦,秦汉,魏晋(六朝),隋唐,五代十国,宋元,明清。)

十五、
中国近代史特征及概况

（1840～1949 年。其中 1840～1919 年为旧民主主义革命时期，1919～1949年为新民主主义时期。）

1. 总体特征——各方面发生剧变，艰难转型

政治：总趋势由专制走向民主。虽然最终民主没有彻底地真正地实现，但在极其艰难的环境里还是取得了一些进步，主要表现在清末新政、预备立宪，设谘议局、内阁，颁布《钦定宪法大纲》。由于清王朝没有还政于民的诚意，其民主进程带有很大的欺骗性，最终被辛亥革命推翻。辛亥革命后建立了亚洲第一个三权分立的资产阶级共和国政府，颁布了临时宪法《中华民国临时约法》，采取了一系列发展资本主义的措施。虽然袁世凯和其他军阀掌权后破坏了民主，但很多民主程序保存下来。很多党派团体纷纷建立，近代司法制度确立，国会对军阀有一定的威慑，新闻机构有一定的独立和自由，对政府有一定的监督作用，如《大公报》等。各种报刊纷纷创立。罢工和示威游行活动很频繁，民众的民主意识有所增长。

经济：从小农经济向多种经济成分并存转变，特别是民族资本主义的出现。鸦片战争后，小农经济受到冲击，自然经济开始瓦解。新性质的外企、民族资本主义企业和官僚资本出现。总体形成小农经济、地主经济、外企、民族企业、官僚资本、中外合资、买办经济等并存的局面，与世界经济越来越紧密联系起来。

文化：西学东渐成为不可阻挡的潮流。洋务派开始学习西方科技等，维新、革命派上升到学习制度。新文化运动学习思想，前期主张全盘西化。思想上开始部分接受民主、科学、法制、人权、自由、平等等观念。《论法的精神》等著作翻译到中国。衣食住行都深受西方影响，不同程度地西化。两次工业革命的成果进入中国，如铁路、电报、电话、机器、蒸汽、火车、轮船、邮政等。传

统私塾受到猛烈冲击，新式学堂纷纷建立。科举制被废除，近代教育制度确立。教育成果突出，培养出不少各个领域的大师级人物。书画艺术成就突出，出现吴昌硕、任伯年、齐白石、张大千等一系列大师级画家和许多杰出的作品。风俗画有杨柳青年画等。京剧成熟；报刊业和话剧兴起；电影诞生。

（特别注意：1912 年前的一段近代史，同时也是晚清的历史。）

2. 大事回顾梳理

鸦片战争（1840～1842 年）　完成工业革命后的英国需要市场和原料，以中国禁烟运动为借口发动对中国的战争。由于双方实力悬殊，加之清王朝的腐败，结果中国战败，被迫签订中英《南京条约》等，开埠通商、割地赔款，从此，中国沦为半封建半殖民地国家。中国开始成为资本主义世界经济体系的一部分。

太平天国（1851～1864 年）　一场农民阶级的反殖民反封建的革命运动。起兵广西，领导人洪秀全等。纲领是《天朝田亩制度》、《资政新篇》。《天朝田亩制度》反映了农民对土地的迫切愿望，但绝对的平均主义体现出其落后性。其目标是建立个体小农经济社会，不代表先进的生产方式。1853 年定都天京。天京变乱是走向衰败的转折点。1864 年被中外势力联合镇压。

第二次鸦片战争（1856～1860 年）　英法为进一步打开中国门户而发动的对中国的殖民战争。结果中国战败，被迫签订《天津条约》、《北京条约》等。《天津条约》增开南京、汉口等十处通商口岸，规定外国公使可以进驻北京。《北京条约》规定开天津为商埠，割九龙司地方一区给英国。

洋务运动（1860～1894 年）　为挽救清王朝统治，以奕䜣、曾国藩等为代表，发起了学习西方科技的洋务运动。他们开办军用、民用工厂，办新式学堂，派遣留学生，创建海军。运动持续约三十年。甲午中日战争标志其失败。洋务运动对中国近代化起到很大的推动作用，但终因拒绝学习西方政体而告破产。

总理衙门成立（1861 年）　清政府为办洋务及外交事务而特设的中央机构。总理衙门存在了 40 年。后来《辛丑条约》第 12 款规定，改其为外务部，位列六部之首。

京师同文馆成立（1862 年）　洋务派创办的中国近代第一个新式学堂。

民族资本主义诞生（19 世纪六七十年代）　早期企业有上海发昌机器厂、广东南海继昌隆缫丝厂、天津贻来牟机器磨坊；张裕葡萄酒公司（烟台）等。

中法战争（1883～1885 年）　法国不胜而胜。签订《中法新约》。中国西南门户被法国打开。

中日战争（1894～1895 年）　在中外基本保持和平近三十年后的一个转折点。因朝鲜问题引发，根本原因是日本需要开拓殖民地。主要战役有平壤、黄海、辽东和威海之战。结果中国战败。被迫签订了《马关条约》。此后开始了以资本输出为主的新阶段。中国半殖民地化大大加深。列强掀起瓜分中国狂潮。

小结：鸦片战争后中国开始沦为半封建半殖民地社会。到甲午中日战争时，西方列强为扩展在中国的市场一共发动了四次大规模的战争：两次鸦片战争、中法战争，还有甲午中日战争。中国的农民阶级抗争，发生太平天国运动。地主阶级为挽救统治危机发起了洋务运动。由于外企和洋务运动的刺激，自然经济的瓦解，终于诞生了民族资本主义。洋务运动开展约三十年，在军事、企业、教育等方面取得一定成绩，但终因拒绝学习西方政体而失败。甲午战争后民族危机空前加剧，经济侵略开始以资本输出为主。

民资初步发展（1895 年后）　由于清政府放宽了对民间投资设厂的限制；资本输出进一步瓦解了自然经济，民族资本主义得到初步发展。发展迅速的主要是纺织、面粉业，张謇、荣宗敬、荣德生等是著名企业家。

兴中会成立（1894 年）　中国第一个资产阶级革命团体。

戊戌变法（1898 年）　一次伟大的资产阶级改良运动，领导人康梁，目的是建立君主立宪制政体，施政纲领是《应诏统筹全局折》。由光绪帝以颁布诏书的形式领导改革。变法的主要内容有撤并机构、裁汰冗员、发展资本主义工商业、创办新式学堂和新式军队等。但地方官执行得不多，103 天后，被慈禧太后镇压。

义和团运动（1899 年）　农民阶级的反帝斗争，口号"扶清灭洋"，引发八国联军侵华。

八国联军侵华（1900 年）　结果签订《辛丑条约》，中国完全沦为半殖民地。

清末新政（1901～1905 年）　清政府实施，主要内容有编练新军，奖励实业，废除科举，整顿吏治。

中国同盟会成立（1905 年）　中国第一个统一的资产阶级政党，成立于日本东京。

预备立宪（1906 年）　清政府派五大臣前往欧美考察后，准备实行君主立宪制。

《钦定宪法大纲》（1908 年）　虽然规定皇帝权力仍然很大，但还是一种进步。

清政府设资政院（1910 年）　正式成立国会的前奏。

清政府设内阁（1911年） 皇族占绝对多数，是一种欺骗。

广州黄花岗起义（1911年） 武昌起义前，资产阶级革命党领导的规模最大的一次起义，为武昌起义创造了有利条件。

保路运动（1911年） 反对清政府出卖筑路权的革命运动。

辛亥革命爆发（1911年） 武昌起义打响推翻清王朝的枪声，全国各地纷纷响应。

中华民国成立（1912年） 亚洲第一个资产阶级共和国。孙中山就任大总统。颁布《中华民国临时约法》。新政府采取了一系列改革风气，发展资本主义工商业的措施。不久，袁世凯就任中华民国大总统。

清王朝统治结束（1912年） 溥仪宣布退位，标志在中国统治了近三百年的满清王朝的统治画上了句号。

小结：甲午中日战争后西方列强掀起瓜分中国的狂潮。民族资本主义得到初步发展，资产阶级力量进一步壮大。为挽救民族危机，为改变政体，实现自由民主，资产阶级革命派和改良派都开始发起政治运动。发生了戊戌变法和辛亥革命运动。期间，义和团运动引发八国联军侵华，结果签订《辛丑条约》。面对危局，清政府做出改革政治的努力，但因为缺乏诚意而更为大失人心。辛亥革命终于推翻了封建帝制，建立了亚洲第一个资产阶级共和国。但因保守反动势力过于强大，不久开始了袁世凯的军阀独裁统治。辛亥革命的理想没有实现。

北洋军阀统治开始（1912～1928年） 1912年袁世凯篡夺了辛亥革命的果实，当上中华民国大总统，开始了北洋军阀的统治。1916年袁世凯死后，北洋军阀分裂为直系、皖系和奉系。各派军阀开始了争夺权力和地盘的长期斗争。1926年开始的北伐战争消灭了北洋军阀的部分主力。1928年张学良在东北宣布改旗易帜，表明归属国民政府。至此，北洋军阀在中国的统治基本结束。

国民党成立（1912年） 同盟会联合数个政党于北京组成国民党。

二次革命（1913年） 宋教仁组织国民党在选举中获得优势。宋教仁设想利用多数党的优势限制袁世凯的权力，结果被刺杀。为此，孙中山发动了反袁的二次革命。结果被袁世凯镇压。

中华革命党成立（1914年） 孙中山将国民党改组为中华革命党。

民族资本主义的黄金时代（1912～1937年） 由于国民政府和北洋政府采取的一系列鼓励发展资本主义工商业的措施，实业救国的思想，群众的反帝爱国运动，西方列强曾忙于"一战"等原因，民族资本主义获得一个快速发展的时期。

袁世凯称帝（1915年） 袁世凯于1915年12月宣布恢复帝制，建立中华帝国，并改元洪宪。

护国运动(1915年) 起因是袁世凯在1915年12月于北京宣布接受帝制，南方将领唐继尧、蔡锷、李烈钧等在云南宣布独立，并且出兵讨袁。袁世凯的军队受挫，南方其他各省之后也纷纷宣布独立。袁世凯在内外压迫下被迫宣布取消帝制。

新文化运动(1915～1919年) 辛亥革命的失败使得部分知识分子反思文化思想上存在的问题。为此，他们发动了提倡民主、反对专制，提倡科学、反对愚昧，提倡新道德、反对旧道德，提倡新文学、反对旧文学的思想解放运动，旨在清算阻碍中国进步的旧思想。

军阀割据开始(1916年) 袁世凯死后，开始了军阀分裂割据的局面。

护法运动(1917年) 军阀段祺瑞掌握北京政权后，拒绝恢复《临时约法》和国会。于是孙中山发起了反对段祺瑞的护法运动。

五四运动(1919年) 因巴黎和会决定把德国在山东的权益转让给日本而爆发的比较彻底的反帝反封建的爱国运动。著名的口号是"外争国权，内惩国贼"。在学生运动的压力下，北洋军阀政府代表没有在巴黎和约上签字。运动取得初步胜利。

广州军政府成立(1921年) 由孙中山组建，目的还是反军阀统治。

中国共产党成立(1921年) 在苏联的支持下，于上海召开的中共一大，标志中国共产党的诞生。

中共领导罢工斗争(1922～1923年) 中共一大确定的中心任务就是领导工人运动。从香港海员大罢工开始，到安源路矿工人大罢工，取得了一些胜利。但"二七"大罢工惨遭镇压，使共产党意识到不可单枪匹马斗争。

中共二大(1922年) 确立了民主革命的纲领。

中共三大(1923年) 确立了建立革命统一战线的方针。

小结：清王朝覆灭后，开始了北洋军阀约16年的统治。中国的专制制度和社会性质没有改变。以往对北洋军阀的统治主要是全盘否定，用军阀混战、民不聊生和卖国求荣来概括了事。近几年研究有了新突破，对北洋军阀统治时期的情况评价比较客观了。北洋军阀统治期间虽然没有实现民主政治，不过民主化的进程还是有的，如创立近代化司法和教育制度。经济方面，一直鼓励发展实业，资本主义的春天就出现在北洋军阀政府统治期间。在一些国家领土主权方面，北洋政府还是比较坚持立场的。媒体有一定的独立性，对政府的监督有一定威慑作用。也许因为类似于春秋战国的分裂混战，反而有利于思想文化的繁荣，新文化运动就发生在此期间。思想文化有一定的自由度，否则很难发生新文化运动。孙中山为实现民主政治，不断发动对北洋军阀的斗争，如二次革命、护国运动、护法运动等。中国共产党成立后不断领导罢工运动。

第一次国内革命战争(1924～1927年)

国民党一大召开(1924年)　大会同意共产党员以个人的身份加入国民党。孙中山改组了国民党，并接受了联俄、联共、扶助农工的三大政策。重新解释后的新三民主义成为两党合作的政治基础。大会标志着国共第一次合作实现，革命统一战线建立。中国近代史进入第一次国内革命战争时期。

广东海陆丰根据地(1924年)　澎湃在广东海陆丰地区建立。

北伐战争开始(1925年)　国共合作后组建北伐军，目标是推翻北洋军阀的统治。主要攻打军阀吴佩孚、孙传芳和张作霖的军队，不到半年，从珠江流域打到长江流域，基本消灭了吴佩孚、孙传芳的主力，取得了很大的胜利。

"四一二"反革命政变(1927年)　蒋介石在上海发动的屠杀共产党，镇压革命群众的政变。

"七一五"反革命政变(1927年)　汪精卫在武汉发动的屠杀共产党，镇压革命群众的政变，标志着国共合作结束，大革命失败，第一次国内革命战争结束。

南京国民政府成立(1927年)　1927年后开始了国民政府和国民党的统治(1949年在大陆的统治结束)。

小结：第一次国内革命战争就是国共两党合作推翻北洋军阀的革命。由于共产党和国民党都感到自身力量的不足，所以需要联合起来。期间，工农运动、反帝斗争不断高涨。北伐军消灭了三支北洋军阀主力中的两支，一直打到长江流域。就在此时，两党摩擦加剧后突然决裂，国民党连续发动了"四一二"反革命政变，"七一五"反革命政变等，共产党损失惨重。国共合作破裂，大革命失败。

第二次国内革命战争(1927～1937年)

三大起义(1927年)　为武装反抗国民党的镇压，中共领导发动了南昌、秋收、广州三大起义。结果都失败了。南昌起义打响了武装反抗国民党的第一枪。秋收起义失败后，毛泽东带领部队转移到井冈山。

井冈山根据地(1927年)　由毛泽东创建的第一个农村革命根据地。开辟了一条农村包围城市的道路。

东北易帜(1928年)　张学良在东北通电宣布改旗易帜，归属国民政府，标志着国民政府在形式上统一了全国。

中原大战(1930年) 中国国民党内北伐后失势的国民党左派领导人汪精卫联合反共"右倾"西山会议派和亲国民党军人阎锡山、冯玉祥、李宗仁、张发奎发起夺权挑战蒋介石中央政府及国民党中央会议的内战,共产党称之为蒋冯阎战争,或蒋冯阎李战争。后以蒋介石获胜告终。

前四次反围剿(1930~1932年) 以蒋介石为首的国民党政府在结束中原大战后,开始对革命根据地发动围剿战役,结果四次围剿都被红军打败。

"九一八"事变(1931年) 日本为摆脱经济危机,发动了侵略中国东北的"九一八"事变。不到半年东北三省沦陷。中日矛盾开始上升。

"一·二八"事变(1932年) 日本发动的进攻上海的事件。

伪满洲国建立(1932年) 日本为巩固在东北的殖民统治,扶植末代皇帝溥仪为傀儡皇帝,建立伪满洲国。

第五次反围剿(1933年) 国民党在前四次围剿失败后,以百万大军对中央革命根据地发动了第五次围剿。由于之前毛泽东已经失去了军事指挥权,由博古、李德以"左倾"冒险主义的政策指挥,结果一年未打退敌人包围,损失惨重。

长征开始(1934年) 第五次反围剿失败后,被迫战略转移,开始长征。主力部队从江西出发,向西南和西北挺进。

华北事变(1935年) 驻华日军为了进一步侵略中国而策动华北各省脱离南京中央政府,实行"自治"的一系列事件。其目的是为分离和蚕食华北。标志着中日民族矛盾开始上升为主要矛盾。

长征结束(1936年) 三大主力一、二、四方面军在会宁会师,标志着长征胜利结束。

西安事变(1936年) 蒋介石前往西安督促张学良、杨虎城加紧对西北红军的围剿。张、杨反劝蒋介石联共抗日,蒋不同意,于是两位将领抓捕蒋介石,实行兵谏。后蒋介石被迫答应联共抗日。西安事变得到和平解决。西安事变成为扭转时局的关键。

小结:1927~1937年这十年,被称为第二次国内革命战争,主要是国共两个政权的殊死战斗。主要有两条线:第一条是国共斗争(阶级矛盾);第二条是中日战争(民族矛盾)。第一条线包括根据地建设、围剿、反围剿、长征、建立陕北革命根据地等内容。第二条线包括"九一八"事变、"一·二八"事变、华北事变等内容。从1931年"九一八"事变起,两条线交织穿插在一起。1935年华北事变标志着中日矛盾上升为主要矛盾,阶级矛盾下降为次要矛盾。蒋介石"攘外必先安内"的政策受到很多人反对。西安事变的发生标志着十年内战基本结束，国共第二次合作初步形成。

抗日战争（1937～1945 年）

卢沟桥事变（1937 年） 又称"七七"事变，是 1937 年 7 月 7 日发生在中国北平卢沟桥（亦称芦沟桥）的中日军事冲突，日本就此全面进攻中国。"七七"事变是日本帝国主义为实现它鲸吞中国的野心而蓄意制造出来的，是它全面侵华的开始。

"八一三"事变（1937 年） 日本帝国主义为扩大侵华战争进攻上海的事件。

国共二次合作（1937 年） 国民党发布《国共合作宣言》，蒋介石在庐山发表承认共产党合法地位的讲话。这两件事标志着国共第二次合作正式建立，抗日民族统一战线正式形成。中共北方红军改编为八路军，南方红军改编为新四军，取国民党军队番号。

四大会战（1937～1938 年） 抗战前期，中国国民党在正面战场组织了抵抗日本侵略的淞沪、太原、徐州、武汉四大会战。虽然这些地方相继失守，但国民党军队英勇顽强地打击了侵略者。

平型关大捷（1937 年） 中共领导的太原会战中的一场阻击日军后勤部队的战斗，打死打伤日军约 1000 人，是抗战以来的首次大捷。

南京大屠杀（1937 年） 12 月 13 日军攻陷南京，屠杀中国军民约 30 万人。

台儿庄战役（1938 年） 是徐州会战中的一次战役，国民党军队消灭日军 2 万人，是抗战前期最大的一次胜利。

伪国民政府（1940 年） 汪精卫在日本的支持下于南京成立的汉奸政府。

百团大战（1940 年） 彭德怀领导的破坏以日军交通线和据点为主的战役，打死打伤日军近 2 万人。

枣宜会战（1940 年） 枣宜会战是抗日战争相持阶段，日本军队驻武汉的第 11 军对中国第五战区部队发动的一场作战，会战以日军占领宜昌而结束。期间英勇抵抗的张自忠将军牺牲。

整风运动（1942 年） 中共在延安发动的思想整顿运动。反对主观主义以整顿学风，反对宗派主义以整顿党风，反对党八股以整顿文风。但重点是反对教条主义，目的是发扬马克思主义实事求是精神，坚持正确的思想路线。运动清算了"左倾"思想路线，树立了毛泽东的威望。同时也迫害、冤枉了一些人。

豫湘桂战役（1944 年） 日本侵略军为挽救南洋孤立日军，摧毁美国在华空军基地，打通华北到华南以至印度支那的大陆交通线而发动的一次大规模战略进攻。结果豫湘桂部分地区失守，交通线被打通。

中共七大(1945 年)　会上，毛泽东《论联合政府》的政治报告。报告科学地分析了国际、国内形势，郑重地提出了中国人民强烈希望建立民主联合政府、打败日本侵略者、建设新中国的基本要求。

日本投降(1945 年)　由于美国在太平洋战场的节节胜利，苏联进攻东北的日军，中国军队的反攻，还有美国投掷的两颗原子弹，最终日本宣布投降。抗日战争结束。

小结：日本为摆脱经济危机，称霸亚洲，发动了全面侵华战争。八年抗战时期民族矛盾是主要矛盾。八年抗战是全中国各阶级阶层团结反抗日本法西斯的战争，也是世界人民反法西斯战争的一部分，是中国近代以来反抗外来侵略的第一次伟大胜利。国民党主要在正面战场抗击日军，中共主要开辟敌后战场，建立敌后抗日根据地。国民政府基本上顽强抗战，但因实力逊色，损失了不少主力部队，大片国土被占。共产党实力壮大，为以后打败国民党创造了条件。

第三次国内革命战争(1945～1949 年)

重庆谈判(1945 年)　随着抗日战争的结束，阶级矛盾又上升为主要矛盾。经过长年战争，人民都期望和平与建立民主政府。在这种背景下国共两党在重庆举行和谈。虽然签订了避免内战的《双十协定》，但有关军队和政权这样的实质问题并没有达成协议。

政协会议(1946 年)　根据重庆谈判的决定，召开的解决政权、政体问题的政治协商会议。民主党派提议国共两党交出军队，军队国家化，然后选举产生新的联合政府，但两党都不肯让步，结果签订了一个没有实质意义的协议。协议最后被撕毁，人民盼望和平与民主的愿望破灭。

内战正式爆发(1946 年)　6 月国民党向共产党发动了全面内战。重点是中原解放区。

重点进攻(1947 年)　全面进攻被粉碎后，国民党发动了对解放区的重点进攻。重点进攻山东、陕北解放区。发生了孟良崮、青化砭、羊马河、沙家店等战役。结果国民党重点进攻被挫败。

中国土地法大纲(1947 年)　中共在解放区颁布的消灭地主土地所有制，将土地平均分配给农民的土地纲领。

中共反攻(1947 年)　在挫败国民党重点进攻的同时，中共军队开始反攻，刘邓大军挺进大别山拉开反攻序幕。

三大决战(1948～1949 年)　反攻成功后时机成熟，中共果断发起决战，先后发动了辽沈、淮海、平津战役，基本消灭了国民党主力。

渡江战役(1949年) 三大战役胜利后，4月中共发动渡江战役，打下南京，国民党在大陆统治结束。

小结：从抗日战争结束到1949年是第三次国内革命战争时期，也叫解放战争时期，约四年时间。这一阶段的主要内容是国共两党为争夺在中国的统治权发生的内战。抗战结束后的第一年主要是围绕着战争与和平、军队归属及政体等问题展开激烈斗争。由于国共两党性质不同等原因，人民大众和平与组建新的民主政府的希望破灭，两党从1946年开始征战三年，最终以国民党败退台湾而告终。

十六、
中国现代史概况及阶段特征

总体特征：

中国现代史是指 1949 年至今的社会主义阶段。这个阶段大致可以分为过渡时期、斯大林模式社会主义时期和改革开放时期。期间有成就，也有挫折。中国走过的道路基本上与东欧剧变、苏联解体前的社会主义国家历程相似。总体上是要建立一个政治上、经济上高度集权，生产关系上单一公有制，思想文化上高度控制的社会。十一届三中全会后的进行改革，在经济上取得了显著成效。

1. 过渡时期（1949～1956 年）

政治协商会议（1949 年）　商讨成立新中国的有关事宜。制定了《共同纲领》。《共同纲领》具有临时宪法的作用。确定了首都、国旗、国歌等。

中华人民共和国成立（1949 年 10 月 1 日）　中华人民共和国成立标志着中国大陆进入中国共产党执政时期，直至今日。

中国人民志愿军赴朝作战（1950 年）　朝鲜内战爆发后，以美国为主的联合国军出兵朝鲜，朝鲜政权几乎覆亡。应朝鲜政府请求，中国决定出兵朝鲜，抗美援朝。最终双方又回到"三八线"。1953 年停战。朝鲜战争结束。

镇压反革命（1950 年）　为巩固政权，中共发动的政治运动。

"三、五反"运动（1950 年）　中共在党内和工商业部门发动的政治运动。

《中苏友好同盟互助条约》（1950 年）　毛泽东前往苏联，与苏联领导人协商后，苏联答应给中国提供援助。

《中华人民共和国土地改革法》（1950 年）　以法律的形式颁布的土地法大纲。与解放战争时期的中国土地法大纲基本一致，即消灭地主土地所有制，把土地平均分配给农民，实现了农民的个体土地私有制。

西藏和平解放（1951 年）　人民解放军入藏，西藏得到和平解放。

土地改革基本结束（1952 年）　彻底废除我国两千多年的封建剥削制度，实现了农民的个体土地私有制。

第一个"五年"计划开始实行(1953年)　第一个"五年"计划的主要内容就是一化三改。一化就是工业化，三改就是对农业、手工业、商业实行社会主义改造，就是消灭私有制，全面实行单一的公有制。

"三大"改造开始(1953年)　工厂基本上国有，农村、手工业实行以合作社和人民公社为主要形式的集体所有制。

日内瓦会议(1954年)　新中国第一次以五大国身份参加的国际会议。

一届人大召开(1954年)　政协结束其暂代人大职权的使命。会议制定了《中华人民共和国宪法》。确立了政权性质、人民权利等。

万隆会议(1955年)　周恩来在会上提出求同存异的方针。

"三大"改造完成(1956年)　我国对生产资料私有制的社会主义改造基本完成。

中共八大召开(1956年)　会议明确了在剥削阶级被消灭后，主要矛盾已转变为人民对物质文化的需要和不能满足这种需要的矛盾。确定了经济建设要在综合平衡中稳步前进的方针。

小结：1949～1956年是从新民主主义向社会主义过渡时期。这个时期又可分为两个小段：一是1949～1953年的恢复时期；二是1953～1956年的三大改造时期。期间经济建设取得一定成绩。长春第一汽车制造厂生产出第一辆汽车。中国第一个飞机制造厂试制成功第一架喷气式飞机。中国第一个制造机床的工厂沈阳第一机床厂建成投产。生产关系方面发生巨大变化。农村从1949年到1953年消灭了地主土地剥削所有制，实现了农民的土地个体私有制。从1953年"三大"改造开始，经过三年又取消了农民个体私有土地制度，实现农业集体化。工厂从多种成分并存到实现单一的公有制。到1956年实际上建成了斯大林模式的经济体制。这一时期外交采取一边倒的政策。因朝鲜战争等原因中国与美国为首的西方国家关系恶化，长期被封锁孤立。这一时期召开一届人大，制定第一部社会主义宪法。政治上创建了三大制度：人民代表大会制度、中共领导下的多党合作政治协商制度、民族区域自治制度。文艺作品有话剧《龙须沟》、诗歌《我们伟大的节日》等。

2. 全面建设社会主义时期(1956～1966年)

"反右派"运动(1957年)　毛泽东发起"整风"运动，号召党内外人士给党和政府提意见。后来毛泽东认为有一部分资产阶级"右派"向党发起了进攻，于是又发动了"反右派"运动。全国被打成"右派"的有 50 多万人，改革开放后基本全部平反。

"大跃进"（1958 年）　中共八届二次会议提出"多、快、好、省"建设社会主义的总路线。为赶英超美，快速提高生产力的"大跃进"运动开展起来。"大跃进"期间出现浮夸风、共产风、瞎指挥等问题。因为违背了客观规律，结果造成了生产的破坏和环境的破坏，人民生活水平急剧下降。

人民公社（1958 年）　人民公社就是在农村搞单一的集体所有制。特点是一大（规模大）二公（公有化程度高）。结果由于生产关系不适应生产力，造成农民积极性不高，生产下降。

"反右倾"运动（1959 年）　在庐山会议上，彭德怀对"大跃进"和"人民公社"给予批评，触怒了毛泽东，毛泽东于是发动了打倒彭德怀的"反右倾"运动。

"八字"方针（1960 年）　由于出现大量饿死人的惨状，中共制定了"调整、巩固、充实、提高"的八字方针。初步纠正经济建设中的"左倾"错误。

七千人大会（1962 年）　大会进一步纠正"大跃进"和"人民公社"的错误。此后，情况逐步好转。

原子弹爆炸（1964 年）　中国研制的原子弹首次试爆成功。

小结：十年建设时期有成就，有挫折，可以说在挫折中曲折前进。成就是初步建成独立的工业体系。电子、原子能、航天等新兴工业从无到有。建成大庆、大港、胜利三大油田。除西藏外各省市区都通了铁路。挫折和失误有两个方面：一是经济方面；二是政治方面。经济方面的失误主要是"大跃进"和"人民公社"；政治方面的错误主要是反右派和"反右倾"。经济方面的失误给我们的教训是必须按客观规律办事，生产关系一定要适合生产力。政治方面的错误给我们的教训是不可随意搞阶级斗争，必须遵守宪法，加强政治民主建设。文艺作品有小说《青春之歌》等。

3. "文化大革命"时期（1966～1976 年）

"五一六"通知（1966 年）　标志"文化大革命"开始。通知中宣称为防止资产阶级复辟，开展"文化大革命"运动，实则远远超过了文化的范围。

"一月"风暴（1967 年）　全国各地掀起夺取党政各级领导权的事件。

氢弹爆炸（1967 年）　我国试爆氢弹成功。

刘少奇逝世（1969 年）　"文化大革命"开始后，国家主席刘少奇被打倒，1969 年被迫害至死。

卫星上天(1970年)　我国成功发射第一颗人造地球卫星——东方红1号。

"九一三"事件(1971年)　粉碎林彪反革命集团。

恢复联合国合法席位(1971年)　我国在亚非拉许多国家的支持下，在26届联大上通过投票恢复了在联合国的合法席位。

基辛格访华(1971年)　拉开中美关系缓和序幕。

中日建交(1972年)　日本首相田中角荣访华，同年中日建交。

中美恢复关系(1972年)　尼克松访华，中美签署《中美联合公报》。

邓小平复出(1973年)　林彪集团覆灭后，邓小平被再次请出山。

经济好转(1975年)　邓小平主持中央日常工作，开始全面纠正"文化大革命"错误，整顿经济秩序。经济开始恢复好转。

"文化大革命"结束(1976年)　周恩来、毛泽东先后去世。华国锋被指定为接班人。华国锋与叶剑英等合力粉碎了江青反革命集团，宣告"文化大革命"结束。

小结："文化大革命"期间虽然也有零星成就，如氢弹爆炸、卫星上天、杂交水稻等，也有短暂的经济恢复(1973年、1974年)，但总体要否定。国民经济损失5000亿元，人民生活长期贫困，阶级斗争非常残酷，民主法制遭到严重破坏，人民生命财产得不到保障，人的基本权利和尊严遭到破坏和践踏。从中央到地方的党政领导机关瘫痪，公检法、人大、政协、民主集中制都被砸烂和破坏，千百万人被迫害至死伤，无数的文化遗产被毁灭。这是一场史无前例的浩劫，每一位中国人都应该牢记这一血的教训。"文化大革命"期间，很多艺术作品被查禁，很多艺术家停止创作，八个样板戏反复上演。手抄本小说《第二次握手》等在民间流传。民众的衣食住行、音容笑貌都由丰富多彩变得单一。

2. 社会主义现代化建设新时期(1978年至今，也叫改革开放时期)

关于真理标准的讨论(1978年)　《光明日报》刊载了《实践是检验真理的唯一标准》一文，引发了一场思想解放运动。讨论打破了两个"凡是"的保守和错误观念，削弱了个人崇拜和迷信，解放了人们的思想。

十一届三中全会召开(1978年)　这是具有转折点意义的会议。会议停止了以阶级斗争为纲的错误方针，决定以经济建设为中心，实行改革开放。

中美建交(1979年)　中美发布建交公报，正式建立外交关系。

创建经济特区(1980年)　1979年提出经济特区构想，自1980年起，我国先后在深圳、珠海、汕头、厦门、海南建立经济特区。

颁布新宪法(1982年)　颁布第四部《中华人民共和国宪法》。

颁布《中华人民共和国民法通则》和《中华人民共和国刑法》。

平反冤假错案(1982年)　年底大规模平反冤假错案工作基本结束。

开辟沿海经济开放区(1984年)　把闽南三角区、珠江三角洲、长江三角洲开辟为沿海经济开放区。

学潮(1989年)　发生要求惩治腐败、改变政体的学生运动。

举办亚运会(1990年)　中国首次成功举办亚洲运动会。

中共十四大(1992年)　明确建立社会主义市场经济体制,确立企业进一步改革的目标是建立现代企业制度。

中共十五大(1997年)　明确非公有制经济是社会主义经济的一部分。

大洪水(1998年)　给如何抵御和防范自然灾害提出新的课题,也给我们如何与自然和谐相处提出新的课题。

腾讯QQ诞生(1999年)　中国网民的生活更丰富。

经济总量提升(2001年)　生产总值跃居世界第六。

加入世贸组织(2001年)　标志我国对外开放进入新阶段。

首次载人航天飞行成功(2003年)　中国第一次把宇航员送上太空。

国内搜索引擎兴起(2003年)　"网络歌手"、"网络写手"等网络红人诞生,网络日志开始风靡。

"和谐社会"(2004年)　中国共产党正式提出了"建立和谐社会"的历史目标。

青藏铁路全线铺通(2005年)　世界上最艰难的铁路修筑之一,加快了藏族地区与内地的联系。

农业税取消(2006年)　中华人民共和国大陆农民告别有2600年历史的"皇粮国税"。

"播客春晚"(2007年)　挑战"央视春晚",播客开始盛行。

冻灾(2008年)　持续的冰冻天气,造成比较大的灾害。

四川汶川(2008年)　5·12强烈地震。

中国网民数量激增(2008年)　以2.53亿的规模跃居世界第一。

举办奥运会(2008年)　承办本身、奥运开幕式和奥运会上取得的成果都给中华民族带来更大信心,也更充分展示了中国深厚的文化底蕴。

三峡工程竣工(2009年)　蓄水水位达到175米。

经济总量提升(2010年)　生产总值跃居世界第二。

　　小结：从 1978 年十一届三中全会以来到现在是改革开放的新时代。这一时期中国发生剧变。政治上民主法制加强，"文化大革命"时期被破坏的人大、政协、民主集中制在恢复。许多法律在健全和完善。农村开始实行村级民主选举。经济上结束了单一公有制形式的人民公社，开始实行家庭联产承包责任制。农民以户为单位获得了土地的使用权，后来又走向新的联合。工厂也打破了单一的国有制，实行多种经济成分并存，建立现代企业制度。下放给企业和农民一定的生产和经营的自主权。从计划经济转向社会主义市场经济。经济成就巨大，2010 年我国国民生产总值已经超过日本，位居世界第二。文化上由单一走向丰富多彩。思想上由单一僵化的斯大林化的马克思主义走向各种思想流派纷呈。各种宗教思想也开始重新流传开来，国家取消了对宗教信仰的限制。艺术上由单一的样板戏和"左倾"色彩浓厚的作品走向各种艺术门类流派齐头并进大发展，诞生出不少优秀的学术著作和艺术作品。其中影响比较大的有李泽厚的美学思想著作、北岛等人的朦胧诗、张贤亮等人的小说、张艺谋等导演的电影、张蔷等人的流行歌曲、郭德纲等人引爆的小剧场里的相声和话剧、赵本山等人的喜剧小品、春晚的文艺演出等。衣食住行等都从单一走向丰富多元。在对外关系上结束了闭关锁国的政策，开始对外开放、当然也存在一些问题：如资源过度开发、环境破坏、食品安全隐患、政治体制改革难以深入、民主化进程迟缓等问题。这些问题有待逐步改善和解决。

十七、
世界近现代史线索、概况

（14～15 世纪）	资本主义萌芽	最早在意大利的佛罗伦萨和威尼斯产生。中国在明朝中期产生，比意大利略晚。
（14～16 世纪）	文艺复兴	中心意大利。第一次思想解放运动。实质是资产阶级文化兴起。代表人物有但丁、比特拉克、薄伽丘、达·芬奇、米开朗琪罗、拉斐尔、莎士比亚、塞万提斯、拉伯雷等。
（15 世纪末）	新航路开辟	开辟者是西班牙和葡萄牙。引起商业革命和价格革命，开辟了资本主义发展道路，全球化的开始。哥伦布、迪亚士、达伽马、麦哲伦等是其中的英雄人物。
（1492 年）	发现新大陆	原本哥伦布向西航行是去亚洲的，不想登上美洲。他自己致死都不知道自己发现了一块当时无人知晓的新大陆。
（1517 年）	麦哲伦环球试航	第一次实证了地球是圆的。
（15～16 世纪）	西、葡称霸	因地处大西洋沿岸优越位置，最早开辟新航路等原因，西、葡成为近代最早的霸主，在亚非拉抢占殖民地。西班牙以侵占拉丁美洲为主，在亚洲占据菲律宾。葡萄牙以侵占亚、非为主，在美洲占据巴西。

（16 世纪初）	宗教改革	首发地德国。领导人马丁·路德、加尔文等。提出因信称义、信仰得救、先定论，是资产阶级反封建的政治运动，为资本主义发展创造条件，扫清障碍。
（1566 年）	尼德兰革命爆发	历史上第一次成功的资产阶级革命。这次革命是通过民族解放战争的形式完成的，革命后建立了资产阶级共和国。在欧洲还普遍处于封建专制统治的时期，荷兰共和国的出现具有重要意义，它为资本主义在尼德兰北部的发展开辟了广阔的道路，也使人类历史的前景出现一抹灿烂的曙光。

小结：在古希腊、古罗马的辉煌之后，约 9 世纪欧洲主要国家都进入了封建社会，被称为黑暗的中世纪。14、15 世纪资本主义萌芽产生，资产阶级产生。资产阶级要求创建适合自己的思想文化。文艺复兴首先在黑夜里点燃第一道烛光。它从古代希腊、罗马那里找到了精神源泉，发现曾经存在和中世纪天主教会垄断文化的情况完全不同的社会与人生。文艺复兴的巨匠们批判天主教会，继承和发扬了人文主义，要求个性解放和理性思维。这是人类历史上第一次伟大的思想解放运动，产生了许多闪烁着人文精神的艺术瑰宝。资产阶级思想文化兴起，催生了近代科学的诞生，为资产阶级时代的到来提供了精神动力。为寻找黄金，打通东西方贸易的道路，西班牙、葡萄牙率先开辟通往亚洲的新航线。15 世纪晚期开始的新航路的开辟毫不夸张地说开辟了资本主义的道路，为资本主义发展提供了资金、劳动力、原料产地、市场。新航路的开辟导致世界贸易中心从地中海沿岸转移到大西洋沿岸。位于大西洋沿岸的许多国家先后崛起。最先称霸的是西班牙、葡萄牙。16 世纪初开始的宗教改革是人类历史上第二次伟大的思想解放运动，是资产阶级反封建的政治运动。它沉重打击了天主教会，为资本主义发展创造条件，扫清障碍。16 世纪中后期，终于爆发了历史上第一次成功的资产阶级革命——尼德兰革命。总之，14、15、16 世纪，是资本主义的曙光来临的时代。在经济、思想文化和地理发现等方面都有划时代意义的开创性的贡献、进步和剧变。

（1640 年）	英国资产阶级革命	世界上影响巨大的成功的一次资产阶级革命。开辟了人类历史的新纪元。（注意：以下相当于中国清朝。）
（1689 年）	《权利法案》颁布	用法律明确限制了国王的权力，确立了君主立宪制。
（17~18 世纪）	启蒙运动	第三次思想解放运动。高举自由平等的大旗，发展了人文主义。矛头直指封建专制制度。提出新制度的设计，确立理性的光辉。代表人物有孟德斯鸠、伏尔泰、卢梭、康德、狄德罗。
（17 世纪）	荷兰称霸	地理位置优越，工商业、造船业发达。被誉为海上的马车夫。打败葡萄牙，抢占殖民地。
（18~19 世纪）	英法称霸	英国实行重商主义。最早实现君主立宪的资本主义先进制度。第一次工业革命的中心。先后打败西班牙、荷兰、法国，最终确立了自己的世界霸主地位。拥有广阔的殖民地，号称日不落帝国。
（18 世纪中期）	工业革命开始	英国中心，机器生产取代手工劳动，人类开始进入蒸汽时代。珍妮纺纱机的发明是其开始的标志。
（1775~1783 年）	美国独立战争	从 17 世纪初开始，英国在北美建立了 13 个殖民地。后来殖民地经济发展，与英殖民者的矛盾不断激化。北美人民在华盛顿等人领导下与英殖民者展开艰苦卓绝的斗争。其中萨拉托加大捷是转折点。1783 年英国承认美国独立。战争结束。
（1776 年）	发表《独立宣言》	标志美国独立。7 月 4 日为美国国庆日。

（1787 年）	颁布宪法	1787 年宪法确立了美国三权分立的总统共和制政体。确立了联邦制。是一部充满政治智慧的光辉的宪法，确保了美国沿着民主、法制的正确道路前进，为美国未来健康发展奠定了基石。
（1789 年）	法国资产阶级革命开始	资产阶级的壮大，启蒙运动的影响导致法国大革命的爆发。革命过程极为激烈、曲折和复杂，先后有多个帝国和共和国交替建立。历尽艰险，最终资产阶级战胜了封建势力和其他独裁力量，于 1875 年最终确立了议会共和制。
（1791 年）	《人权宣言》发表	资产阶级要求自由、平等，反对独裁制度和等级制度的一部光辉文献。

小结：17、18 世纪，资产阶级力量壮大。它们在思想领域发起启蒙运动。这场伟大的第三次思想解放运动不用再以单纯的文艺形式，或披着宗教的外衣反封建，它们直接批判封建专制制度和旧的天主教会，提倡自由、平等、民主和人权，并设计了新制度的模式。它高举理性的大旗，为资产阶级革命提供了舆论准备和理论依据。资产阶级开始发起推翻封建社会，建立资本主义社会的革命运动。资产阶级革命的时代到来。17 世纪中期的英国、18 世纪晚期的美国和法国都爆发了资产阶级革命。特别值得关注的是这几个国家在历经艰险后确立了君主立宪和民主共和政体，使人类社会从人治走向法治，从专制走向民主。这在几千年的人类历史上，意义无比巨大。另外一个关注的焦点是工业革命。它使人类由手工劳动时代进入蒸汽时代，机器生产时代。工业革命期间和其后的许多重大历史问题都与它密切相关。如列强对亚洲等地扩张的加剧、世界市场的初步形成、1832 年英国议会的改革等。工业革命是解开许多问题的金钥匙。

（1804 年）	法兰西第一帝国成立	1799 年，拿破仑通过雾月政变上台。1804 年加冕称帝。史称法兰西第一帝国。
（1804 年）	颁布《法国民法典》	《法典》、《拿破仑法典》，成为资本主义国家的立法规范。

（1815 年）	法兰西第一帝国覆亡	拿破仑不断与反法联盟作战。辉煌时几乎控制整个西欧。经滑铁卢等战役势力衰落。后被捕流放。第一帝国覆亡。
（1830 年）	法国七月革命	法国人民推翻复辟的波旁王朝。
（1832 年）	议会改革选举制	工业资产阶级进入议会，后推行自由贸易政策。
（1848 年）	欧洲革命	遍及欧洲的要求进一步扫清封建障碍的革命。
（1848 年）	《共产党宣言》发表	标志着马克思主义诞生。
（19 世纪上半期）	英国工业革命完成	发明了纺纱机、织布机、蒸汽机、火车、汽船等。英国城市化速度加快，成为第一个工业国。英国对外殖民扩张活动加强。
（1854～1856 年）	克里木战争	一开始是俄与土耳其的战争，目的是争夺黑海海峡控制权。后英法与俄作战，俄国失败。克里木战争是引发 1861 年俄国农奴制改革的一个原因。
（19 世纪中期）	资本主义世界体系初步形成	主要原因是工业革命。
（1861 年）	美国内战	由于南方种植园奴隶制严重阻碍了美国资本主义的进一步发展，在西部开发加速的过程中，南北方矛盾激化。焦点是奴隶制存废问题。后北方获胜，为资本主义发展扫清障碍。
（1861 年）	俄国农奴制改革	农奴制严重阻碍了俄国资本主义的发展，并导致阶级矛盾激化。为确保贵族统治，亚历山大二世自上而下进行改革。改革废除了农奴制，规定农民可以购买田地，但在这一过程中对农民进行了掠夺。改革结果使俄国走上发展资本主义的道路。

（1868 年）	明治维新	19 世纪中期日本国门被美国打开，幕府统治内外危机。以中下级武士为主力的倒幕运动推翻了幕府的封建统治，开始了明治天皇的统治。明治维新在各方面大力西化，使日本走上了发展资本主义的近代化道路，是亚洲国家学习西方先进制度的一个成功典范。
（1870 年）	普法战争	普鲁士为统一德国进行的最后一战。结果大败法国，导致法国巴黎人民起义推翻第二帝国，建立了巴黎公社。普鲁士胜利后实现了德国的最终统一。为德国资本主义发展扫清了障碍。
（1870 年）	建立法兰西第三共和国	普法战争失败，导致法国人民起义，推翻第二帝国后建立。
（19 世纪六七十年代）	意大利、德意志统一	两国通过王朝战争，最终实现了国家统一。结束了长期分裂割据的局面，为资本主义发展清除障碍。不过都保留了一定的封建残余。

小结：19 世纪早期，拿破仑与反法联盟的战争激烈。拿破仑颁布民法典，采取鼓励发展资本主义工商业的措施，创办大学，武力保卫法国大革命的果实，这些都是进步的。不过他建立帝制，后期战争有侵略性质，过分迷信武力等也是他的过失。在反法联盟打败拿破仑之后，欧洲有一段时间的历史倒退。19 世纪上半期英国工业革命完成，为其进一步称霸世界创造了条件，也促使世界市场初步形成。特别注意的是 19 世纪中后期（六七十年代），美国、日本、俄国、意大利和德国以不同的形式发生了资产阶级的革命或改革，不断壮大的资产阶级进一步清扫封建障碍。它们的基本成功对本国的未来发展，甚至对世界的未来发展都具有重大的进步意义。19 世纪早期，出于反专制和对新生资本主义社会的失望，以及对理性的反思，出现浪漫主义艺术。代表人物有拜伦、雪莱、海涅、雨果、贝多芬等。其后，随着资本主义制度普遍确立，批判现实主义文学兴起。代表人物有巴尔扎克、司汤达、狄更斯、托尔斯泰等。在光学理论的启发下，出现印象派艺术，代表人物有莫奈、凡·高、高更、德彪西等。

（1870 年）	第二次工业革命	使人类进入电气时代。中心是美德英法。发明了内燃机、汽车、飞机、合成橡胶、电灯、电话、电影、电报，还有各种炼钢法等。生产和资本的集中，产生大企业。
（1871 年）	建立巴黎公社	世界上第一个工人阶级政权。
（1871 年）	《德意志帝国宪法》颁布	德国历史上一部非常重要的宪法，标志着德国走上资本主义发展道路。《德意志帝国宪法》保存了很多封建残余，但是它的颁布是德国社会的一大进步。
（1875 年）	法国颁布宪法	《法兰西第三共和国宪法》颁布，确立了议会共和制的民主政体。
（1882 年）	同盟国形成	19 世纪末，德国经济实力超过英法。要求重新瓜分殖民地。在错综复杂的矛盾中，德、意、奥匈帝国结成军事同盟国。
（19 世纪末）	美德工业产值超过英法	
（1886 年）	芝加哥工人大罢工	要求实行 8 小时工作制。为纪念这一运动，制定了五一国际劳动节。
（1889 年）	《大日本帝国宪法》	日本基于近代立宪主义而制定的首部宪法。
（1907 年）	协约国形成	为对付同盟国，英法俄结成协约国。
（1911 年）	中国辛亥革命	
（1914～1918 年）	第一次世界大战	以争夺巴尔干半岛为焦点，同盟国和协约国的矛盾不断激化。以萨拉热窝刺杀事件为导火线，爆发了第一次世界大战。战争的重点在西线，发生了凡尔登、索姆河、日德兰海战等著名战役。随着美、日、中等很多国家加入协约国，协约国实力大增。最后战争以同盟国的失败而告终。
（1917 年）	美国参加"一战"	增强了协约国力量。

| （1917 年） | 十月革命 | 1917 年，由于"一战"加剧了俄国的各种矛盾，沙皇统治和资产阶级临时政府的统治先后被推翻。俄国建立了世界上第一个社会主义国家。 |

小结：19 世纪 70 年代开始，人类发生了第二次工业革命。这次革命使人类进入电气时代。内燃机的创制、石油等新能源的开发利用、电力的应用、合成化工、冶金、远距离传递信息的发明等是其主要标志和成就。由于生产力的飞速发展，造成生产和资本的高度集中，产生了大企业。以 19 世纪末为界，此前为自由资本主义时代，此后为垄断时代，也叫帝国主义时代（垄断和帝国主义这样的名词多为列宁和斯大林所用）。资本主义国家对殖民地的经济活动由商品输出为主，转变为以资本输出为主。虽然第二次工业革命的中心有四个，但美德更突出，它们的经济实力超过了英法。由于帝国主义政治经济发展不平衡，由于殖民地基本被瓜分完毕（几乎所有的亚非拉国家成为西方列强的殖民地或半殖民地），重新争夺殖民地的斗争愈演愈烈，最后导致两大军事集团之间爆发了世界大战。开始德奥占上风，后来协约国力量不断壮大，最终打败德奥，"一战"结束。期间由于战争导致俄国国内各种矛盾激化，导致二月革命和十月革命的爆发。以列宁为首的布尔什维克于 1917 年建立了世界上第一个社会主义国家。这段时间，亚洲一些国家也爆发了一些资产阶级革命运动。19 世纪末，电影诞生。卓别林是默片时代的著名表演大师。20 世纪以来，现代派艺术兴起，它们在许多方面打破了传统（绘画多注重表达自我感受，倾心于形式新颖，变形、夸张、抽象）。现代派艺术的代表人物有毕加索、蒙德里安、卡夫卡、海明威等，流派众多。

| （1918 年） | 战时共产主义政策 | 由于外来干涉和内部叛乱，新生的苏维埃政权危机四伏。为打败内外敌人，集中人力、物力，苏俄实施战时共产主义政策。主要措施有企业国有化、余粮征集和取消自由贸易。后期因人民反对被迫中止，被新经济政策取代。 |
| （1919 年） | 巴黎和会 | "一战"后为处置战败国及战后其他事宜召开的国际会议。核心内容是签订了对德的《凡尔赛和约》。会议主要暂时处理了各大国在西方的关系。确立了民族自决的原则。 |

(1920 年)	国际联盟建立	旨在维护世界和平与稳定。
(1921 年)	华盛顿会议	"一战"后解决大国在太平洋地区的矛盾争端。签署了《四国条约》、《九国公约》和《限制海军军备条约》等。
(1924 年)	道威斯计划	道威斯拟定一项解决赔款问题的计划，史称道威斯计划。该计划企图用恢复德国经济的办法来保证德国偿付赔款。道威斯计划的执行，对 20 年代后半期德国经济的恢复和发展起了重要作用。
(20 世纪 20 年代)	柯立芝繁荣	"一战"后，美国因制度先进，"一战"又大发战争财，出现了经济高度繁荣的一段时期。不过，也隐藏着经济泡沫风险。
(1921 年)	新经济政策	战时共产主义政策引起人民不满。列宁原先企图从战时共产主义直接过渡到社会主义的设想落空，决定以新经济政策取代战时共产主义政策。新经济政策与战时共产主义政策基本相反，部分地恢复了资本主义以使得经济发展，人民生活水平提高。
(1921 年)	意大利法西斯上台	意大利虽然是战胜国，但也受到"一战"的打击，社会矛盾不断激化，结果导致以墨索里尼为首的法西斯上台。
(1926 年)	发明电视	英国人贝尔德发明。
(1927 年)	苏联取消新经济政策	斯大林上台后就逐步取消新经济政策，发展单一的公有制企业和集体农庄。到 1927 年，新经济政策已经明确被取消。

阶段小结："一战"后战胜国必然要处置战败国；同时，要重新划分势力范围和分配利益，于是召开了巴黎和会。经过激烈争吵终于签订了《凡尔赛和约》等，暂时确立了列强在西方的势力范围。1924 年召开的华盛顿会议，暂时确定了列强在太平洋地区的势力范围，构成了凡尔赛—华盛顿体系。苏联社会主义国家的建立遭到西方国家的侵犯、封锁和敌视，两种意识形态的矛盾开始。苏

联由战时共产主义政策到新经济政策，再到斯大林模式。美国等出现一个经济繁荣发展期。美国在国际舞台上发挥的作用也来越大。德国经济在恢复。意大利法西斯上台。

(1929~1933 年)	经济危机	资本主义历史上破坏最严重的一场经济危机。首发于美国，波及整个资本主义世界，引发了政治危机，是导致法西斯上台、"二战"爆发的一个重要原因。
(1933 年)	罗斯福新政	为应对经济危机和政治危机，罗斯福总统改变了自由放任的经济政策，采取国家干预经济的办法。新政尽量避免国有化，力图保持私有制。改革中心是在工业方面，颁布了国家工业复兴法，以避免盲目生产。整顿了银行。鼓励农民缩减耕地。改革成效很大，使得生产恢复。后来为许多国家借鉴。
(1933 年)	德国法西斯专政确立	因为经济危机的打击，激化了德国的各种矛盾。纳粹党采取欺骗宣传手段获得多数选票上台，建立了法西斯专政。1934 年，称"德意志第三帝国"。
(1936 年)	斯大林模式彻底形成	苏维埃第八次代表大会召开标志着斯大林模式彻底形成。这一模式的特点就是高度集中的政治、经济和文化管理体制。经济上采取单一的公有制、政企不分、平均主义、指令性运作、忽视市场。政治上权力高度集中，思想文化上采取高度控制和垄断措施。这种体制导致人民的生活水平及生产积极性不高。虽然在短期内曾取得国民生产总值的飞跃，但总体看，长远看是不可取的。"二战"后，绝大部分社会主义国家都曾照搬了这一模式。产生的问题和苏联基本一样。

（1936 年）	日本法西斯统治确立。	
（1937 年）	德、意、日三国签订《反共产国际协定》	
（1939 年）	《苏德互不侵犯条约》	苏德之间十年互不侵犯。后被撕毁。
（1939 年）	"二战"爆发	1939 德国进攻波兰，标志"二战"正式爆发。
（1940～1941 年）	不列颠之战	德军空袭英国。
（1940 年）	法西斯军事同盟形成	建立"欧洲新秩序"和"大东亚新秩序"。
（1941 年）	珍珠港事件	日本偷袭美国在太平洋的海军基地，太平洋战争爆发，美国对日宣战。虽然美国损失惨重，但美国对日宣战，预示着日本的灭亡。
（1943 年）	德黑兰会议	美、英、苏商讨开辟第二战场等问题。
（1944 年）	意大利投降	经西西里岛登陆战，在英美盟军的打击下，意大利投降。法西斯三国轴心开始瓦解。
（1945 年）	雅尔塔会议	美、英、苏第二次会议，在苏联雅尔塔举行。会议决定分区占领德国，彻底消灭德国军国主义，成立联合国。
（1945 年）	德国投降	苏联和英美盟军东西夹攻，最终击溃德军抵抗。苏军率先攻破柏林，希特勒自杀。
（1945 年）	波茨坦会议	美、英、苏三大国第三次会议，在德国波茨坦召开，签订《波茨坦协定》，敦促日本投降。
（1945 年）	"二战"结束	中国军队的反攻，苏联进攻东北关东军，美军在太平洋战场的节节胜利，原子弹的威力，最终迫使日本投降，"二战"结束。

小结：1929～1933 年经济危机是资本主义世界的一个转折点。其对资本主义的打击极其沉重。因经济危机导致阶级矛盾激化，引发政治危机。应对危机出现两种主要策略。一种是国家干预经济的罗斯福新政模式；一种是对内欺骗镇压人民，对外侵略以转嫁危机，转移视线的法西斯道路。德、日是法西斯道路的代表。罗斯福新政的模式是符合人民利益的正确道路，为许多国家效仿。法西斯道路是危害人民的道路。随着德、日、意法西斯不断扩大对外侵略的步伐，终于引发了第二次世界大战。战争前期，法西斯国家占上风，但随着世界反法西斯力量的联合和壮大，经过艰苦卓绝的战斗，最终战胜了法西斯。

(1945～1991 年)	雅尔塔体系	美苏两极格局。
(1945 年)	联合国的建立	宗旨是维护世界的和平与发展。
(1945 年)	日本民主改革	天皇的权力基本取消，日本的民主化进程取得重大进步。日本重新崛起的一个重要原因，也是确保亚洲和平的一个原因。
(1945 年)	世界银行成立	世界银行（WBG）是世界银行集团的俗称。它向发展中国家提供低息贷款、无息信贷和赠款。它是一个国际组织，其一开始的使命是帮助在第二次世界大战中被破坏的国家的重建。今天它的任务是资助国家克服穷困，各机构在减轻贫困和提高生活水平的使命中发挥独特的作用。
(1945 年)	国际货币基金组织成立	英语简称：IMF，与世界银行并列为世界两大金融机构之一，其职责是监察货币汇率和各国贸易情况、提供技术和资金协助，确保全球金融制度运作正常；其总部设在华盛顿。
(1947 年)	关税及贸易总协定	1947 年 23 国签署。一个政府间缔结的有关关税和贸易规则的多边国际协定，简称关贸总协定。它的宗旨是通过削减关税和其他贸易壁垒，消除国际贸易中的差别待遇，促进国际贸易自由化，以充分利用世界资源，扩大商品的生产与流通。

（1947 年）	杜鲁门主义	美国发起"冷战"的标志。
（1948 年）	马歇尔计划	美国实施的援助西欧的计划。
（1948 年）	《世界人权宣言》	联合国大会通过第 217A（Ⅲ）号决议并颁布《世界人权宣言》。这一具有历史意义的《宣言》颁布后，大会要求所有会员国广为宣传，并且"不分国家或领土的政治地位，主要在各级学校和其他教育机构加以传播、展示、阅读和阐述"。《宣言》的颁布对推动人类的文明进程起到巨大的作用。
（1949 年）	"北约"组织成立	以美国为首的 12 国签署《北大西洋公约》，成立对付社会主义国家的军事同盟。
（1949 年）	"经互会"建立	针对马歇尔计划，苏联联合东欧社会主义国家成立。
（1949 年）	德意志联邦共和国成立	简称西德。
（1949 年）	德意志民主共和国成立	简称东德。
（1950～1953 年）	朝鲜战争	朝鲜越过三八线攻入韩国。以美国为首的联合国军出兵朝鲜。应朝鲜政府请求，中国人民志愿军开赴朝鲜。三年后基本又回到"三八线"。
（20 世纪 40 年代）	第三次科技革命开始	40～70 年代为前期：核能，计算机，航天三个核心技术。70 年代至今为后期：信息技术，生物工程，海洋新材料，航天等。科技转化为生产力的速度更快。对世界的影响更为深刻。
（1951 年）	西欧 6 国形成煤钢共同体	此为欧共体形成的第一步。
（1953 年）	赫鲁晓夫改革开始	试图改变斯大林模式。

（1955 年）	亚非会议（万隆会议）	第三世界兴起的政治标志。
（1955 年）	华约组织成立	针对北约，苏联与其他社会主义国家签订《华沙条约》，成立华约组织。
（1956 年）	匈牙利事件	是匈牙利人民要求摆脱苏联控制，摆脱斯大林模式，实现民主的人民革命运动。但遭到苏联的干涉和镇压。几乎是同一时间，许多东欧社会主义国家都发生了类似的事件。
（1958 年）	成立经济共同体和原子能共同体	标志"罗马条约"生效。
（1961 年）	不结盟运动（贝尔格莱德）	第三世界政治上兴起的标志。
（1964 年）	七十七国集团	要求建立国际经济新秩序。
（1967 年）	建立"欧共体"	总部设在比利时布鲁塞尔。
（1967 年）	东盟正式成立	东南亚国家联盟，是亚洲的一个重要的区域集团组织。
（1968 年）	布拉格之春	捷克改革，结果被苏联镇压。
（60 年代末）	日德崛起	日德在"二战"失败的废墟中仅用了 20 年时间再次崛起。德国经济实力稳居欧洲第一；日本生产总值仅次于美国。

小结："二战"后，社会主义国家增加到 10 多个。苏美二分天下及对峙的两极格局形成。两种意识形态长期对峙的局面形成。两大阵营既有热战（朝鲜、越南战争等），也有"冷战"（杜鲁门主义、马歇尔计划、经互会、北约、华约等）。美国成为引领世界的超级大国，代表着人类进步的方向。第三世界国家纷纷独立。第三次科技革命成果辉煌。依靠美国的援助，加之国家干预经济，工业基础雄厚，重视科技、教育，制度先进等，"二战"后 50 年代到 70 年代初，资本主义出现高速发展的黄金时期。其中特别突出的是德日。60 年代末已经形成美、日、西欧三足鼎立的经济格局。同时，出现了股票分散化、经营着革命、福利国家等新景象。"二战"后至斯大林去世前，绝大部分社会主义国家仍然严

格走斯大林模式道路。由于斯大林模式的弊端日益暴露，1953 年，赫鲁晓夫开始改革，随后东欧各社会主义国家相继改革，但艰难曲折，并遭到苏联的干涉，甚至镇压。改革不同程度地取得一些成效。为吸取经济危机引发世界大战的教训，稳定国际经济，"二战"后建成布雷顿森林体系。世界银行、国际货币基金组织和关贸总协定成为世界经贸关系的三大支柱。在此基础上，战后资本主义世界经济体系形成。世界经济朝着体系化、制度化的方向发展。经济的区域集团化和全球化不断加强。

（1973 年）	经济危机	因中东战争引发的经济危机导致高速发展的西方经济开始滞涨。国家干预经济政策被谴责，自由主义经济政策重新被重视。
（1975 年）	南北对话	发展中国家与发达国家的经济对话。
（1989~1990 年）	东欧剧变	从 1989 年初夏开始，群众抗议政府的活动几乎席卷所有社会主义国家，经过一系列政治事件，波兰、匈牙利、保加利亚等东欧社会主义国家执政党纷纷下台，社会制度聚变。根源是长期以来人民对斯大林模式和后继者改革的不满。人民生活水平长期无法提高，政治权利得不到保障。
（1989 年）	亚太经合组织成立	规模最大的区域集团组织。它倡导的合作方式被很多人赞许。
（1990 年）	德国统一	东德并入西德。
（1991 年）	苏联解体	苏联先剧变，后解体。以前所有的加盟共和国都成为独立的国家。一个新的名词产生——独联体。
（1991 年）	干涉伊拉克	伊拉克入侵科威特，后伊拉克内部发生大屠杀。联合国授权人道主义干涉伊拉克。
（1991 年）	干涉南联盟	前南斯拉夫分裂、内战、大屠杀。联合国授权人道主义干涉南联盟。
（1992 年）	干涉索马里	索马里内战、饥荒。联合国授权人道主义干涉索马里。

（1993 年）	"欧盟"成立	由以前单纯的经济合作，扩展为包括政治、军事等方面的欧州联盟。
（1994 年）	北美自由贸易区成立	美、加、墨三国之间取消贸易壁垒，促进合作，实现经济互补，为三国贸易扩大和生产合作带来极大的便利。
（1999 年）	欧元诞生	是欧洲一体化进程中具有历史意义的里程碑，有利于整个欧洲经济的稳定发展。
（2001 年）	"9·11 事件"	9 月 11 日上午恐怖分子劫持的 4 架民航客机撞击美国纽约世界贸易中心和华盛顿五角大楼的历史事件。该事件促使美国将反恐事业推向新的高度。
（2003 年）	伊拉克战争	为推翻萨达姆独裁政权，美国出兵伊拉克。不久萨达姆政权被推翻。其后，民选新政府诞生。
（2004 年）	欧盟添新成员	波兰、匈牙利、捷克、斯洛伐克、斯洛文尼亚、塞浦路斯、马耳他、爱沙尼亚、拉脱维亚和立陶宛 10 国成为欧盟正式成员，使欧盟成员国增至 25 个。这是欧盟历史上规模最大的一次扩大。欧盟东扩后成为全世界最大的区域经济体和全球最大的自由贸易区。
（2004 年）	东欧 7 国加入北约	29 日，保加利亚、爱沙尼亚、拉脱维亚、立陶宛、罗马尼亚、斯洛文尼亚和斯洛伐克 7 国在华盛顿正式递交了各自国家加入北约的法律文本，从而成为北约的新成员。这是北约成立以来规模最大的一次扩充。北约成员国现已达 26 个。
（2005 年）	太空对接	美国航天飞机和俄罗斯空间站完成人类首次太空对接。

（2008 年）	世界金融危机和经济危机	9 月 17 日雷曼兄弟破产所引发的美国金融危机，进而引起世界金融危机和经济危机。时至 2011 年危机尚未结束。
（2009 年）	哥本哈根气候大会	旨在为《京都议定书》2012 年第一承诺期到期后的温室气体减排问题达成一份新协议。本次会议对于确定京都议定书以后世界在未来 10 年、20 年的发展方向，有重大作用和影响。
（2010～2011 年）	阿拉伯世界剧变	2010 年 12 月 17 日，突尼斯青年穆罕默德·布瓦吉吉为抗议政府没收他的商品、摊车以及一名女性行政官强加于他的侮辱而自焚，旋即引发"蝴蝶效应"，在突尼斯、埃及、北非、西亚乃至整个中东诱发翻天覆地的社会与政治海啸：突尼斯总统本·阿里弃国出逃；埃及总统穆巴拉克被迫辞职；也门总统萨利赫几乎倒台；巴林、沙特、约旦、阿曼、阿尔及利亚和叙利亚等陆续出现罕见的抗议风潮。最典型的当属利比亚。由于利比亚卡扎菲独裁政府镇压人民的抗议活动，引发了反对派武装和政府军的内战。在北约的帮助下反对派武装攻占首都，推翻了卡扎菲的独裁统治。2011 年 10 月 21 日卡扎菲被捕并被击毙。23 日大选产生新的民主政府。到基本完成本书稿的时间（2011 年 10 月 23 日），阿拉伯剧变仍没有结束。阿拉伯剧变是继东欧剧变后人类历史上又一次大事件，使人类政治文明进程又向前迈进了一大步。虽然阿拉伯剧变的某些细节与东欧剧变有所差异，但实质问题相近，就是民生和民主问题。剧变成功的国家将结束个人或小集团长期独裁的历史，走上民主自由的新生活。

　　小结：1973 年因中东战争引发的经济危机结束了资本主义经济的高速发展，西方经济开始滞涨。布雷顿森林体系开始瓦解。国家干预经济政策的力度减弱，自由主义经济政策重新被采纳。20 世纪 80 年代经济开始恢复，平稳发展。斯大林去世之后，许多社会主义国家都进行了改革，也不同程度地取得一定成效。但由于不能彻底改变斯大林模式，尤其是政治体制，导致人民不满。80 年代末，东欧剧变、苏联解体、两德统一、华约解散，两极格局对峙局面基本结束。主要社会主义国家都放弃了社会主义制度。经济全球化的速度大大加快。国际间的合作与交流更为密切和广泛。最早由古希腊、古罗马开创的民主和法制成为全人类的普世价值，在全世界取得了巨大的胜利。继东欧剧变后，2010 年年底至今，一向"顽固"的阿拉伯世界居然也爆发了规模巨大、斗争激烈的政治海啸。阿拉伯剧变使人类的政治文明进程又向前迈进了一大步。人类历史上几千年的人治社会基本结束，非民主国家已经寥寥无几。"二战"后现代派艺术继续发展。世界艺术丰富多彩，成果丰硕。其中荒诞派戏剧《等待戈多》、小说《百年孤独》等获得诺贝尔文学奖。电影经典大片不断涌现。金刚系列、哈利波特系列等经典享誉世界。《阿凡达》更是创造了电影票房的神话。

附录：
创新试题设计

创新试题设计 1

一、选择题（只有一个选项符合题意，每题 4 分，共 48 分）

1. 古希腊在向阶级社会过渡时期就打破了血缘纽带，而我国古代却长期难以打破宗法制的束缚。这种情况对中国社会的影响不包括（　　）。

    A. 民主机构难以建立　　　　　　B. 公民意识非常淡薄

    C. 裙带关系风气较浓　　　　　　D. 个人主义得到发展

2. 易中天在《儒家的限政只能是徒劳》一文中说："秦汉以后历史的总体走向，是皇权的不断加强。最后，终于由集权而专制，由专制而独裁。"在这一政治历程中，起到关键作用的历史人物有（　　）。

    秦始皇　②汉文帝　③汉武帝　④唐玄宗　⑤朱元璋　⑥雍正

    A. ①②③⑤　　　　　　　　　　B. ③④⑤⑥

    C. ①③⑤⑥　　　　　　　　　　D. ②③④⑥

3. 在明中叶嘉靖万历年间(1522—1620)，社会上流传着谚语："钻天洞庭遍地徽"。有关徽商的认识，以下不正确的是（　　）。

    A. 徽商是明清时期长江中下游地区涌现的最大的地域商帮，称雄商界 400 年，影响力巨大

    B. 徽商的出现是中国商业标志性发展的一个体现

    C. 从徽商文化中，体现出创业、创新、拼搏和团结精神，以及诚信理念

    D. 徽商沉沦的最主要原因是遭到外来经济实体的入侵

4. 下列雕塑作品中与文艺复兴精神实质相近的是（　　）。

    A   B   C   D

5. 下表来自《全球通史》。从表中我们可以得到的认识是（　　）。

工人实际工资的增长(1850—1913)(1913 年＝100)

	1850 年	1860 年	1870 年	1880 年	1890 年	1900 年
英国	57	64	70	81	90	100
法国	59.5	63	69	74.5	89.5	100

    A. 由于物价飞涨，工人工资增长速度仍然比较慢，工人生活依然极度贫困

    B. 工业革命促使生产率大幅增长，加之海外投资所带来的利润，导致工人生活水平提高

    C. 出现贵族工人阶层，工人阶级发生分化

    D. 经济发展出现虚假繁荣，环境破坏严重，即将发生经济危机

6. 学者袁伟时对晚清的一段评价："废除科举，建立现代教育体系；废除中华法系、引进大陆法系，废除行政与司法合一，建立独立的司法系统；开始预备立宪，包括推行三权分立的地方自治和成立谘议局、资政院；这些都是如假包换的真金白银。"对此理解正确的是（　　）。

    A. 晚清对推动中国政治文明进程做出较大努力

    B. 晚清的政治改革以欺骗为宗旨

    C. 现代教育体系、独立司法体系、宪政和地方自治不适合中国国情

    D. 晚清的政治改革只是为了"救亡"而已

7. 美国总统布什在他的一次演讲中说："人类千万年的历史，最为珍贵的

不是令人炫目的科技，不是浩瀚的大师们的经典著作，而是实现了对统治者的驯服，实现了把他们关在笼子里的梦想。我现在就是站在笼子里向你们讲话。"请思考，关住权力的"笼子"包括（　　）。

①《权利法案》　②《秦律》　③三权分立，相互制衡的机制　④《中华民国约法》　⑤《法兰西第三共和国宪法》　⑥票拟和披红的发明

A. ①②③　　B. ①③⑤　　C. ①④⑥　　D. ②⑤⑥

8. 言论自由是一切自由的基础。历史上与破坏言论自由有关的典故或事件有（　　）。

①道路以目　②焚书坑儒　③改土归流　④"腹诽"罪的出现　⑤文字狱　⑥反右派运动

A. ①②③④⑥　　B. ②③④⑤⑥　　C. ①②④⑤⑥　　D. ①③④⑤⑥

9. 几位同学研究人民公社期间，发现一首老歌《社员都是向阳花》。部分歌词为"公社是棵长青藤，社员都是藤上的瓜……藤儿越壮瓜儿越大……集体经济大发展，社员心里乐开花。公社是颗红太阳，社员都是向阳花，花儿朝阳开，花朵磨盘大……"看过歌词后，几位同学发表看法，你认为他们的发言比较"科学"的是（　　）。

A. 甲生：从歌词中可以看出人民公社受到广大农民的欢迎，不像课本和老师说得那么糟糕

B. 乙生：这首歌有歌功颂德的意思，所以不能轻易相信，还要寻找更多史料，最好采访一下老年人。其中的两个比喻有过分夸大集体，忽视个人的毛病

C. 丙生：艺术是生活的反映，如果没有经济大发展和社员幸福的生活，作者是不会编造出来的

D. 丁生：尽管有些夸张，但从歌词中至少可以看出有相当一部分农民是拥护人民公社的。而且它存在了二十多年，存在的就是合理的，至少当时是合理的

10. 学者龙应台在"百家讲坛"讲《全球化了的我们在哪里》。她说："巴黎要跟纽约竞争，会把自己的老房子老街拆了去建和纽约一样的高楼大厦吗？那会是一个笑话。人们不辞千里去看古罗马，是为了什么？人们不辞千里来看北京城，又是为了什么？是为了来看北京的超现代高楼或者法国人设计的模仿巴黎香榭丽舍的王府井吗？"其中隐含着作者的担忧主要是（　　）。

A. 全球化对文化多样性的冲击

B. 全球化对旅游业的冲击

C. 全球化引发大规模基础设施的盲目建设

D. 全球化导致人们失去精神家园

11. 与爱因斯坦的相对论最接近的艺术作品是(　　)。

A. 诗歌《西风颂》　　　　　　　B. 油画《蒙娜丽莎》

C. 小说《老人与海》　　　　　　D. 电影《盗梦空间》

12. 二十一世纪早期爆发的推动世界政治文明进程的重大事件是(　　)。

A. 布拉格之春　　　　　　　　　B. 东欧剧变

C. 阿拉伯之春　　　　　　　　　D. 占领华尔街行动

二、材料题

13. 阅读下面四则材料后，回答问题(26分)。

材料一：

"不尚贤，使民不争；不贵难得之货，使民不为盗；不见可欲，使心不乱。是以圣人之治，虚其心，实其腹，弱其志，强其骨，常使民无知无欲，使夫知者不敢为也。为无为，则无不治。"(注：《道德经》)

材料二：

管子认为"君明、相信、五官肃、士廉、农愚、商工愿，则上下相体，而外内别也。"(注：《管子·君臣》)

"昔者圣人之治人也，不贵其人博学也，欲其人知和同以听令也。"(注：《管子·法禁》)

材料三：

"唯上智与下愚不移"(注：《孔子阳货》)。

"民可使由之，不可使知之。"(注：《孔子阳货》)。

材料四：

"民强国弱，民弱国强"(注：《商君书·弱民》)"故有国之道，务在弱民。"(注：《商君书·弱民》)

人民"朴则弱，淫则强；弱则轨，淫则越志；弱则有用，越志则强。"(注：《商君书·弱民》)

"愚农不知、不好学问则疾务农。"(注：《商君书·垦令》)

(1)以上材料中所举的历史名人的共同主张是什么(2分)？其主张的目的是什么(2分)？

(2)从材料四看出商鞅还有一个主张是什么(4分)？其理由和目的是什么(4分)？其理由和目的是否成立(2分)？你怎样评价(4分)？

(3)举出两个以上统治者符合材料中历史名人们的主张的重大事件(4分)。

(4)从以上材料，概括出中国古代文人的一些共同特点(4分)。

14. 2011年12月15日，网易看客栏目发表关于戈尔巴乔夫的评论文章《最成功的"失败者"》。结果引发网友激烈的争论。请你在参考下面网友的评论后，加入讨论。要求字数不低于200字。有独到见解，价值观先进，思辩性强，逻辑性性强，有理有据，隐含人物评价标准的评论得高分。可独立发表看法，也可针对网友的言论进行辩驳。不得抄袭网友原话。(本题总分26分)

[网易山东省济南市网友]：这个败家子是"成功"的？网易，你们脑子是不是进水了？

某网友回复：你才是败家子，正因为有了这样的"失败者"才造就了今天相对中国成功的俄罗斯，俄罗斯的百姓比中国人民幸福多了。

某网友回复：在你眼里，金家大胖小胖才是成功的吧，敲骨吮髓，鱼肉一国。

[网易北京市网友]：一个为民族摆脱枷锁，为自己戴上枷锁的人，值得尊敬。

[网易广东省珠海市网友]：历史会永远铭记这位可爱的、有良心的世纪伟人！

某网友回复：……被布什和科尔玩了，当年承诺的巨额援助没到位，苏联却玩解体了！他只能祭出民主的破旗聊以自慰了！他是个无能的小丑被推到了与其能力不相称的位置，所以，他注定是个悲剧人物！正如他1990年乘坐的飞机，美国人临时改成"资本主义工具号"一样！他是个可怜人，是个被人戏弄，被骗走了父亲留给他的巨额钱夹并由戏弄他的人丢给他一块方糖的小孩！

[网易安徽省网友]的原贴：但他结束了一个邪恶的苏联，结束了冷战，结束了大规模核战争的可能。

[网易加拿大网友]的原贴：……苏联跟本就没有发动战争的能力，过去现在都是。看着美英爱打谁就打谁。苏也好，俄也好，中国也好，近四十年都如此。大规模战争的可能性决定权在"自由民主"的米利箭(美利坚)，英法佬。

[网易山东省济南市网友]：世界银行专家在2008年4月17日公布的关于俄罗斯经济状况的报告中指出，俄罗斯经济增长是符合穷人的利益的经济增长……从1999年至2006年，年均增长速度约6%，经济总量增加了70%。然而，俄罗斯的工资和人均收支却增加了500%，扣除通胀后，人均收入实际的增长超过了200%。8年间，俄罗斯的人均实际工资和人均实际收入的增长速度，比

人均 GDP 的增长速度，高出 2 倍。

你的评论：_____

_____

_____。

参考答案

1—5 DCDBB　6—10 ABCBA　11—12 DC

13. 共 26 分。

(1)愚民；目的是巩固统治。（4 分）

(2)弱民；商鞅的理由是民弱有利于国家强大（4 分）。其目的是稳固统治。商鞅认为又愚又弱的百姓老实听话，不会做越轨的事情，对统治者没有威胁。又愚又弱的百姓只知道务农，而务农又有利于他们保持愚和弱，这种情况有利于经济发展，国家强大。（4 分）

不成立。（2 分）

商鞅的理论是荒谬的，因为民众智慧和强大是一个国家强大的基础和根本，二者并不存在此消彼长的对立关系。商鞅只看重农业，把商业和手工业等产业的发展与国家的富强简单对立起来也是错误的。事实上，宋朝和古希腊商业的繁荣正是国家富强的重要原因。（4 分）

(3)焚书；罢黜百家、独尊儒术；科举制创立；编撰《四库全书》；颁发《弟子规》、《女儿经》；大兴文字狱等。（4 分）

(4)古代部分文人缺乏独立人格，有对统治者较强的依附性。他们往往站在替统治者维护统治的角度出谋划策，提出愚民和弱民等错误主张。而这种反智主义的主张只能暂时对维护统治有利，从长远看不利于国家的繁荣富强和人民幸福，在历史上起到很大的消极作用，阻碍了中国的进步与发展。古代部分文人很少从公民的权利和幸福出发考虑问题，自觉不自觉地成为维护专制独裁的工具，这是他们共同的悲剧。（4 分）

（其他观点言之有物，言之成理可酌情给分。）

14. 本题具有一定的开放性。共 26 分。

有独到见解，价值观先进，思辨性强，逻辑性性强，有理有据，隐含人物评价标准的得分在 20 分以上。

达到上述要求 4 个的得分在 15 至 20 分之间。

达到上述标准 3 个的得分在 10 至 15 分之间。

达到上述标准1到2个的得分在5至10分之间。

其他低质量的得分在5分以下。

说明：价值观体现普世价值为佳。普世价值为自由、平等、人权、人道等。人物评价标准以是否推动人类进步，是否有利于普世价值的实现为主。

创新试题设计 2

一、选择题(只有一个选项符合题意，每题4分，共12题，48分)

1. "明哲保身"是部分国人的"座右铭"，这种人生态度主要受到以下哪一家的思想流派的影响(　　)。

A. 墨家　　　　B. 道家　　　　C. 法家　　　　D. 名家

2. 学者依迪丝·汉密尔顿在其著作《希腊精神》一书中说："从君权产生的时候，对君权的绝对服从就是古代社会的生活准则，这种绝对的屈从此后在亚洲甚至一直延续了几千年，而在希腊却如此轻而易举地就被抛弃……"古希腊能够轻而易举地长时期地抛弃专制权力的原因有(　　)。

①地理环境三面环水，多山多岛屿港湾，河道纵横。②城邦自治，小国寡民③血缘纽带较早被打破④保民官的设置⑤自由、理性和法律精神的增长⑥频繁的海外贸易促进了公平、规则和契约意识的增长

A. ①②③　　　B. ④⑤⑥　　　C. ①②③⑤⑥　　D. ①③④⑤⑥

3. 伽利略曾是世界上最早的科学团体山猫学会的会员，他曾向学会赠送了一架自己制作的显微镜。从伽利略身上我们可以学到的最突出的"宝贵财富"是(　　)。

A. "明人伦"　　B. 集体观念　　C. 实证精神　　D. 知行合一

4. 启蒙思想家康德说："如果一个人不需要服从任何人，只服从法律，那么他就是自由的。"以下对这句名言理解比较"科学"的是(　　)。

A. 自由是可怕的东西，因为他会使人无法无天

B. 法律是自由的保障

C. 启蒙思想家大都倡导自由平等，忽视法制

D. 康德倡导法治，反对自由

5. 哈耶克在《通往奴役之路》一书中说："即使在垄断无法避免的条件下，控制它的最好方法是不是让政府来掌握它，这也是很值得怀疑的。如果我们讨

论的只是单独一种产业，那或许可以这样做。但当我们必须讨论许多不同垄断产业时，那就很有理由主张，宁可让他们存留在不同的个人手中，而不要把它们合为一体而由政府单独管理。"以下对哈耶克的主张等理解偏差的一项是(　　)。

A. 哈耶克倡导自由主义经济

B. 哈耶克基本上反对垄断，更反对大规模国家垄断

C. 哈耶克认为相比较而言，私人垄断要比国家垄断好一些

D. 哈耶克认为垄断无法避免，所以无论是私人垄断还是政府垄断，都是比较理想的选择

6. 英国作家奥威尔在 1950 年完成了政治寓言小说《一九八四》。其中描述 1984 年的世界被三个超级大国所瓜分——大洋国、欧亚国和东亚国，三个国家之间的战争不断，国家内部社会结构被彻底打破，均实行高度集权统治，以改变历史、改变语言(如"新语"—Newspeak)、打破家庭等极端手段钳制人们的思想和本能，以具有监视功能的"电幕"控制人们的行为，以对领袖的个人崇拜和对国内外敌人的仇恨维持社会的运转。大洋国只有一个政党——英格兰社会主义。主人翁因对领袖"老大哥"产生怀疑，并与另一位外围党员裘利亚产生感情，因而成为思想犯。后来，历史发展呈现的很多状况都与《一九八四》惊人相似。请思考，奥威尔创作这部小说的灵感最可能来自(　　)。

A. 澳大利亚　　　B. 美国　　　　C. 苏联　　　　D. 英国

7. 观察下面两幅图片。左边是古希腊建筑，右边是苏州园林。根据这两幅图片，以下得出的关于东西方建筑特点的描述，不太准确的是(　　)。

A. 古希腊建筑比较简陋，而中国古代建筑比较丰富多彩

B. 古希腊建筑形成柱式体系，中国古代建筑形成亭台轩榭式

C. 古希腊建筑高大宏伟，布局对称，光影虚实完美结合，中国古代建筑讲求平面空间的拓展，不对称美和花草树木的映衬

D. 古希腊建筑讲究比例与规范，显示出人的自豪与高贵，中国古代建筑更看重山水花鸟木石的巧妙结合的情趣，追求诗情画意及人与自然的合一

8. 儒家认为水有五德：有仁、有义、有礼、有智、有信；东汉的许慎说玉有五德；《韩诗外传》说鸡也有五德：它头上有冠，是文德；足后有距能斗，是武德；敌前敢拼，是勇德；有食物招呼同类，是仁德；守夜不失时，天明报晓，是信德。由此，我们可以获得的比较有价值的认识和启发是(　　)。

A. 泛道德传统不利于国人看问题角度与视野的扩大，并在一定程度上妨害了科学的发展

B. 重视道德教育是中华民族的传统美德，我们必须在今天的学校教育活动中坚持德育为纲的方针

C. 连玉石、流水和家禽都有五种美德，所以人就更应该加强自我修养

D. 当今社会最缺乏的是诚信，所以我们当前最重要的是开展向水、石、鸡学习信德的活动

9. 电影《让子弹飞》一开始就有一个奇怪的镜头——一群骏马拉着火车飞驰。而这种情况并非完全出自幻想，类似的事情在历史上曾确实出现过。因反对派说火车震动陵寝，李鸿章曾在唐胥铁路被迫用骡马牵引火车，被戏称"马车铁道"。慈禧因不喜欢机器轰鸣，甚至曾让太监拉火车。这些历史现象反映出的问题不包括(　　)。

A. 中国传统思想文化中的保守性特征对新生事物总是存在强大的抵制作用

B. 火车存在的污染环境、破坏风水、交通安全等危害最早被智慧的中国人发现

C. 落后体制对生产力发展有巨大的阻碍作用

D. 洋务派在引进西方先进科技的过程中遭遇过巨大的委屈和艰辛

10. 下面是民国时期的两幅图片，左图是县衙，右图是学校。看到照片后，很多网友发表看法，你认为以下看法中比较合理和合乎史实的是(　　)。

该图片由 已经衰异的蝉 上传至 Tiexue.Net 图片版权归原创者所有

该图片由 已经衰异的蝉 上传至 Tiexue.Net 图片版权归原创者所有

A. 看那时还是比较重视教育的，不象现在有的地方学生在危房里上课，而我们的公仆却在豪华的办公楼里上班

B. 小学盖得好有什么用，文盲率居高不下

C. 大家可以这样推理一下，民国时期教育办得好，经济发达，政治民主，统治长久。而结果是国民党败退台湾。反推一下，就知道那时候教育怎么样了

D. 盖县政府需要花公款，当然不能盖的好了，省下来都可以揣自己腰包里；学校就不一样了，那可是达官显贵的公子小姐待呆的地方，人家家长出得起钱

11. 劳特派特认为，如果一个国家犯有对本国人民施行残暴或迫害的罪行，以至否定他们的基本人权并且震骇人类的良知，那么，为人道而进行的干涉是法律所允许的。你认为人类历史上基本属于人道主义干涉的事件有（　　）。

①1939 年德国突袭波兰　②1968 年苏联出兵捷克　③1992 年美国出兵索马里　④2011 年北约空袭利比亚

A. ①③　　　　B. ①②　　　　C. ②④　　　　D. ③④

12. 文革时期有这样一个笑话，说一次开批斗会，某人老爸被抓上台批斗，在批斗会快要结束的时候，有人要他高呼口号与其父亲决裂划清界限，只见他冲到台前振臂高喊："打倒我爹。"结果台下众人也跟着高喊："打倒我爹，打倒我爹"。从这个笑话中，我们得到的最深刻的启示是（　　）。

A. 一定要防"左"

B. 必须永远停止以阶级斗争为纲

C. 高度集权的斯大林模式会扭曲人性、扼杀亲情，必须建立新的民主、人权保障机制

D. 某种高压环境，可以使人集体异化和愚昧

二、材料题

13. 几千年的人类文明史给我们留下无限丰富多彩的生活类型，供我们借鉴和汲取。以下列举三种生活方式，阅读思考后，回答问题(本题共 30 分)。

第一种：博爱式

特蕾莎 18 岁的特蕾莎离开家乡来到爱尔兰加入了劳来多修女会，后来主动到印度最破烂的贫民窟，在那里用几卢比租下一间房子，收容饥寒交迫的孩子。为了他们，她亲自到街上乞讨食物，帮他们清洗身体。房间里没有桌子、椅子、黑板，她就以地板为黑板，教孩子们认识孟加拉字母。一次，她遇见一个人身上全是脓包、伤口，脓包上尽是蠕动的蛆和虱子，便到警察局请求他们拨一处

地方，使她可以接待这样的无家可归者。就这样，她创办了"死者之家"专门收容垂死的游民。秉持同样的信念，她还创办了"弃婴之家"和"麻风病之家"。1979 年，她荣获诺贝尔和平奖，同年获印度政府颁发的全国最高荣誉奖。她的名言至今广为流传。如"假如你爱至成伤，你会发现，伤没有了，却有更多的爱。""即使你是友善的，人们可能还是会说你自私和动机不良。不管怎样，你还是要友善。"

第二种：田园式

法顶禅师是当代最具代表韩国修行精神的僧侣。他喜欢独居山林，与大自然融为一体。他喜欢写作，其文笔清新朴素，滋润着人们的心灵。他说："现在我住在一个连门牌号码都没有的地方。我的住处非常寒酸、原始，所以也乏善可陈；但是，能够纯真地活着，就足以令我喜悦，我只是暂时依止在这样的状态而已。对修行者来说，哪里会有永久的居所？都只不过如过客一般，暂借一宿而已。"他还说："要在喧嚣中守护自己的灵魂，就要懂得沉默。"

第三种：非暴力抗争式

昂山素季生于缅甸仰光，是缅甸非暴力提倡民主的政治家。1990 年带领全国民主联盟赢得大选的胜利，但选举结果被军政府作废。其后 21 年间她被军政府断断续续软禁于其寓所中长达 15 年，在 2010 年 11 月 13 日终于获释。1990 年获得萨哈罗夫奖，翌年获得诺贝尔和平奖。颁奖典礼上代表宣读了昂山素季的名言："在缅甸追求民主，是一国民作为世界大家庭中自由与平等的成员，过一种充实全面、富有意义的生活的斗争。它是永不停止的人类努力的一部分，以此证明人的精神能够超越他自然属性的瑕疵。"她将诺贝尔和平奖的 130 万美元奖金交付信托，用于缅甸人民的健康与教育。

昂山素季深知，绝对不能采取以暴易暴的方法来解决国内的危机，这种方法表面上看最有效果，实际上却让自己堕落为与军政权同样的地步。

2011 年 11 月 5 日，缅甸官方报纸《缅甸之光》首次披露总统吴登盛批准修改政党注册法的消息，取消了先前对参政的一些限制条件。2012 年 1 月 28 日，现年 66 岁的缅甸反对党领导人昂山素季出席一个竞选活动，吸引了上万人参加，成为缅甸民主变革进程中的又一重要时刻。昂山素季踏上竞选路。在昂山素季长达几十年的如耶稣受难般的艰苦卓绝的努力奋斗下，缅甸一步步走向自由民主的黎明。

昂山素季说："极权主义是一种建立在敬畏、恐怖和暴力基础上的系统。一个长时间生活在这个系统中的人会不知不觉成为这个系统的一部分。恐惧是阴险的，它很容易使一个人将恐惧当做自己生活的一部分，当做存在的一部分，而成为一种习惯。"

问题：

(1)什么是修女？请简介有关基督教的一些知识(6分)。

(2)什么是禅宗？请简介有关禅宗的一些知识(6分)。

(3)请举出和以上三种生活类型相似的人物各一位(3分)。

(4)概括以上三种生活类型的特点并简要分析其成因(9分)。

(5)谈谈你最欣赏哪一种生活类型(6分)。

14.中国清朝的康熙大帝和法国国王路易十四生活在同一个时代。吴燕在其编著的《落霞》一书中将二者进行了比较。请阅读下面两则材料后，回答问题(本题共22分)。

材料一：

康熙大帝是一位科学爱好者，经常向传教士学习数学、地理等科学知识。他曾制定过一项计划，意在把欧洲的自然科学移植到中国来，使之在全国各地普及。他创办了中国科学院"蒙养斋"，还完成了非常精确的《皇舆全图》。

路易十四对芭蕾舞情有独钟，对自然科学没有什么兴趣。不过他对法国科学和艺术的支持却相当有力。1666年，路易十四创立了法国皇家科学院、绘画雕塑院和建筑学院，后又创了巴黎天文台。他还拿出丰厚的奖金奖励科学和艺术工作者。路易十四开创了法国科学和艺术的盛世。(根据吴燕编著的《落霞》整合)

材料二：

随着康熙这位热爱科学的皇帝的驾崩，他所倡导的那些科学活动最终悄无声息地收场了。一度被外国人认为是中国的科学院的"蒙养斋"，并没有发展成为一个科学机构。而是以不了了之告终。《皇舆全图》所使用的测绘方法也没有流传下来，以至到乾隆时代再进行测绘时，仍然不得不请耶稣会士作指导。那些康熙皇帝已经熟练掌握的西方科学知识，在上百年后仍然未能广泛传播，即使它们对康熙有过一定影响，但是对中国社会发展的影响就微乎其微了。在康熙之后的数百年里，中国仍然在封建主义的迟暮中步履蹒跚。(摘自吴燕编著的《落霞》)

问题：

(1)试分析爱好科学的康熙却没有打造一个科学盛世，爱好芭蕾舞的路易十四却开辟了法国科学辉煌时代的原因(12分)。

(2)近代科学的萌而不发，将对中国后世发展产生怎样的影响(4分)?

(3)从康熙和路易十四不同的统治效果看，对我们今天有何启示(6分)?

参考答案

1—5 BCCBD 6—10 CAABA 11—12 DC

13.题完全开放式，答案略。

14.(1)中国康熙时代的专制程度远远高于法国路易十四时代；法国实行重商主义政策，中国仍然重农抑商，使得科学发展失去经济动力；法国经历文艺复兴和启蒙运动，为科学发展提供了肥沃的思想基础，而中国大兴文字狱，钳制了人们的言行；官本位和保守意识束缚了国人，而法国人官本位意识淡薄，热爱探索和创新；中国传统文化中一直有"重人伦，轻自然"的陋习，而西方人一直有探索自然奥秘和真理的良好传统；和基督教相比较，儒教有巨大的缺陷；法国路易十四虽然本人对科学兴趣不大，但他对发展科学事业采取的措施比康熙更实际有效，对科学家和科学事业的支持更大。

(2)由于近代科学迟迟萌而不发，导致中国在科学理论和科学发明等领域被西方远远抛在后面。明以前领先世界的科技实力一去不返。整个社会失去进步活力，从政治、经济到文化基本原地踏步，有些领域甚至走向落后。

(3)对于一些意义重大的事业，应建立长久完善的保障机制，杜绝因领导人的个人喜好使之受影响；保证科学事业的持续良性发展的前提必须是政治开明或政体先进，这就要求我们不断深化改革，确保政体的不断改进；必须促进文化思想的解放和发展；发展科学事业需要领导人和政府的大力支持，同时也要重视民间科技组织的发展；一个国家任何时候都不可轻视、忽视科技，都必须努力赶超科技进步潮流。

参考文献

1. 孙隆基. 中国文化的深层结构. 桂林：广西师范大学出版社，2004 年 5 月第一版

2. 包鹏山等. 六十个孔子. 长沙：湖南文艺出版社，2007 年第一版

3. 斯达夫里阿诺斯. 全球通史. 北京：北京大学出版社，2006 年 10 月第一版

4. 编写组. 辞海·历史分册(中国古代史). 上海：上海辞书出版社出版，1981 年 10 月第一版

5. 夏初. 蒙学十篇. 北京：北京师范大学出版社，1990 年第一版

6. 黄牧航等. 历史课堂的有效教学. 北京：北京师范大学出版社，2007 年版

7. 黄牧航等. 新课程背景下的高中教学评价体系. 北京：高等教育出版社，2006 年版

8. 黄牧航. 中学历史教材图片设计的理论与实践. 载《历史教学》，2001 年第 9 期

9. 黄牧航. 谈高中课程改革背景下历史教材处理的三个层次. 载《中学历史教学》，2005 年第 3 期

10. 黄牧航. 从新课程观到新考试观. 载《中国教育报》，2008 年 2 月 4 日

11. 静虚散人. 人类思辨(辩)的先决条件——掌握"形式逻辑能力"，凯迪网络

12. 费正清. 观察中国. 北京：世界知识出版社，2001 年 9 月第一版